초등 국어 어휘력이 독해력이다

4 단계 A

독해 전, 어휘 먼저 학습!

〈초등 국어 어휘력이 독해력이다 4단계 A〉는 '어휘→ 짧은 글 → 긴 글'로 이어지는 3단계 학습법으로 독해의 기본기를 다질 수 있도록 구성하였습니다.

1단계 〈독해 준비〉 **어휘**로 만나기 → 2단계 〈독해 맛보기〉 **짧은 글**로 만나기 → 3단계 〈독해〉 **긴 글**로 만나기

〈독해〉 지문 속 어휘 익히기　　　〈독해〉 지문 일부 맛보기　　　〈독해〉 하기

교과 연계!
교과 주제 + 교과 어휘

〈초등 국어 어휘력이 독해력이다 4단계 A〉는 초등 3~4학년군 교과목에 따라 단원을 구성하였습니다. 독해 지문은 교과서와 밀접하게 연계된 주제로 구성하였고, 학습 어휘 또한 교과서에서 자주 사용되는 어휘를 활용하였습니다.

교과 융합!
교과 융합 지문 + 문제

〈초등 국어 어휘력이 독해력이다 4단계 A〉는 각 단원마다 하나씩 교과 융합 주제를 수록하였습니다. 두 개의 교과를 융합한 독해 지문과 문제를 통해 사고력 및 깊이 있는 독해력을 키울 수 있습니다.

교과목에 따른 단원 구성	국어	사회와 도덕	과학과 수학	예체능
단원별 교과 융합 주제	국어+도덕	도덕+국어	과학+국어	체육+도덕

교과 융합 〈차례〉에 교과 융합 주제가 표시되어 있어요.

구 성

→ 교과 융합 주제가 표시되어 있어요.

3단계 학습	1	**어휘**로 만나기		독해 지문 속 4개의 어휘를 학습합니다. 이미지를 보고 선 잇기로 문장을 만들며, 어휘의 의미를 유추해 볼 수 있습니다.	
		이미지로 어휘 배우기		확장된 문장에서 빈칸 채우기를 하며 어휘를 확실히 익힙니다.	

	2	**짧은 글**로 만나기	학습 어휘가 포함된 짧은 글을 읽습니다. 3~5줄의 짧은 글을 읽고, 글을 이해했는지 확인하는 문제를 풉니다.	
		짧은 글로 독해 맛보기		

	3	**긴 글**로 만나기	짧은 글이 포함된 긴 글을 읽습니다. 글의 세부 내용 확인하기, 글의 흐름 이해하기 등 독해력을 기를 수 있는 문제를 풉니다. 2단계에서 독해 연습을 했기 때문에 더 쉽게 독해를 할 수 있습니다.	
		긴 글로 진짜 독해하기		글을 읽고 답을 찾아서 문장을 구성하는 문제를 통해, 문장으로 답하는 능력을 키워 줍니다.	

복습		**확인 학습**	글의 내용을 요약·정리하고, 앞서 배운 학습 어휘를 직접 써 보며 어휘를 다시 한번 확인합니다.	
		학습 어휘 쓰기		

쉬어 가기		**쉬어가기**	해당 단원에서 다룬 주제와 관련된 글이나 그림, 사진 등을 통해 배경지식을 넓힐 수 있습니다.	
		배경지식 넓히기		

차례

국어

사회와 도덕

과학과 수학

예체능

공부 계획표

주 5회, 총 4주간의 학습으로 독해력을 기를 수 있어요.
활용 방법 : 공부한 날짜를 쓰고, ◯에 ☆ 표 하세요.

국어	01일차 월 일	02일차 월 일	03일차 월 일	04일차 월 일	05일차 월 일
사회와 도덕	06일차 월 일	07일차 월 일	08일차 월 일	09일차 월 일	10일차 월 일
과학과 수학	11일차 월 일	12일차 월 일	13일차 월 일	14일차 월 일	15일차 월 일
예체능	16일차 월 일	17일차 월 일	18일차 월 일	19일차 월 일	20일차 월 일

국어

설문대할망

4학년 2반의 학급 회의

유미의 국어사전 만들기

세종 대왕님, 감사합니다!

01 | 설문대할망

전래 동화

정답 및 해설 128쪽

어휘로
만나기

1 바른 문장이 되도록 선으로 연결하세요.

흙을 •

옷이 •

속옷을 •

모습을 •

• **쏟아붓다.**

• **감추다.**

• **허름하다.**

'**허름하다**'는 오래되거나 많이 써서 좀 낡은 것을 말해요.

• **짓다.**

'**짓다**'는 재료를 활용해 밥, 옷, 집 등을 만드는 것을 말해요.

2 [보기]처럼 바른 문장이 되도록 알맞은 말을 골라 빈칸에 쓰세요.

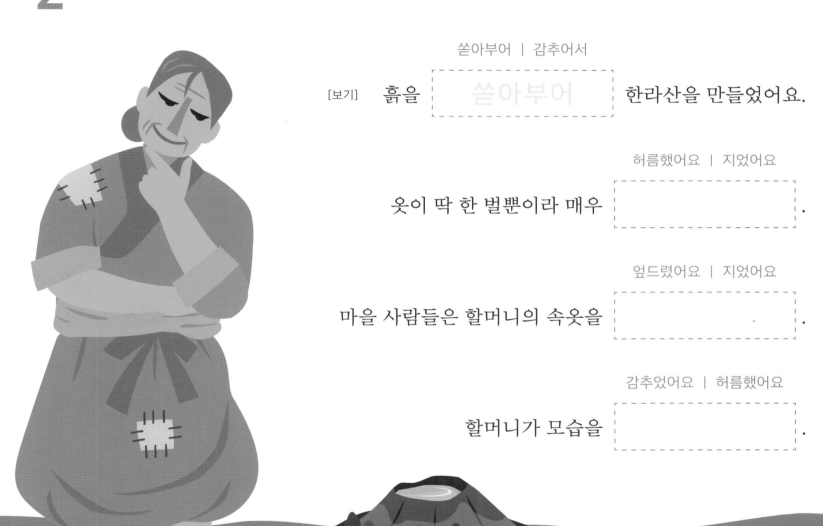

쏟아부어 ㅣ 감추어서

[보기] 흙을 ⸤ 쏟아부어 ⸥ 한라산을 만들었어요.

허름했어요 ㅣ 지었어요

옷이 딱 한 벌뿐이라 매우 ⸤　　　　⸥.

엎드렸어요 ㅣ 지었어요

마을 사람들은 할머니의 속옷을 ⸤　　　　⸥.

감추었어요 ㅣ 허름했어요

할머니가 모습을 ⸤　　　　⸥.

짧은 글로
만나기

옛날 옛적 제주도에 설문대할망이 살았어요. '할망'은 제주도에서 할머니를 부르는 말이에요. 설문대할망은 키가 어마어마하게 크고, 힘도 엄청나게 셌지요.

할머니는 치마에 흙을 가득 담아, 우르르 **쏟아부어** 한라산을 만들었어요. 그런데 할머니는 옷이 딱 한 벌뿐이라 매우 **허름했어요**.

3 할머니의 옷은 왜 허름하였나요? ○하세요.

> 옷이 딱 한 벌뿐이어서

> 옷이 너무 많아서

4 할머니는 흙을 쏟아부어 무엇을 만들었나요? 답을 쓰세요.

→ 한 라 산

"새 속옷을 지어 주면, 육지까지 다리를 만들어 주지."

마을 사람들은 설문대할망의 속옷을 **지었어요**. 그런데 할머니가 워낙 커서, 아무리 모아도 천이 부족했지요.

사람들이 속옷을 다 짓지 못한 것을 보고, 할머니는 무척 실망했어요. 할머니는 그길로 모습을 **감추었지요**.

5 마을 사람들이 할머니의 속옷을 지을 때 무엇이 부족하였나요? ○하세요.

바늘

실   천

6 할머니는 어떤 감정을 느껴 모습을 감추었나요? 답을 쓰세요.

실망했어요. | 무서웠어요.

→

전래 동화

설문대할망

옛날 옛적 제주도에 설문대할망이 살았어요. '할망'은 제주도에서 할머니를 부르는 말이에요. 설문대할망은 키가 어마어마하게 크고, 힘도 엄청나게 셌지요.

어느 날 잠을 자던 설문대할망이 방귀를 뿡 뀌자, 세상이 만들어졌어요. 할머니는 치마에 흙을 가득 담아, 우르르 쏟아부어 한라산을 만들었지요. 또 바다에 문어, 물고기 등을 풀어놓아 사람들이 살기 좋게 해 주었어요.

그런데 할머니는 옷이 딱 한 벌뿐이라 매우 허름했어요. 할머니가 말했어요.

"새 속옷을 지어 주면, 내가 자네들을 위해 육지까지 다리를 만들어 주지."

마을 사람들은 할머니의 속옷을 지었어요. 그런데 할머니가 워낙 커서, 속옷 하나를 만들려고 해도 아주 많은 천이 필요했어요. 아무리 모아도 천이 부족했지요.

"할머니, 여기 저희가 정성껏 만든 속옷입니다. 그런데 천이 아주 조금 부족해서 다 완성하지 못했습니다. 부디 이것이라도 받아 주시지요."

사람들이 속옷을 다 짓지 못한 것을 보고, 할머니는 무척 실망했어요. 할머니는 그 길로 모습을 감추었지요. 그 후로 제주도는 영원히 물로 가로막힌 섬이 되었답니다.

7 이 전래 동화는 어느 지역을 배경으로 한 이야기인가요? ○ 하세요.

서울

제주도

부산

8 이 글의 내용이에요. 일이 일어난 순서대로 번호를 쓰세요.

설문대할망이 마을 사람들에게 속옷을 지어 달라고 했다.	
설문대할망이 한라산을 만들었다.	1
마을 사람들이 속옷을 다 짓지 못해서, 실망한 설문대할망이 모습을 감추었다.	

9 이 이야기는 누구에 대한 이야기인가요? 빈칸에 알맞은 말을 글에서 찾아 쓰세요.

키가 어마어마하게 크고, 힘이 센 설문대할망 에 대한 이야기입니다.

10 설문대할망은 속옷을 완성하지 못한 마을 사람들에게 뭐라고 말하였을까요? 빈칸에 알맞은 말을 글에서 찾아 쓰세요.

" 을 다 짓지 못했으니, 로 이어지는 다리는 없다!"

교과 융합

국어 4-1
6단원
회의를 해요
도덕 4
2단원
공손하고 다정하게

02 | 4학년 2반의 학급 회의
토의

정답 및 해설 130쪽

어휘로
만나기

1

바른 문장이 되도록 선으로 연결하세요.

학급 회의를   **경로잔치**를   **공수 인사**를   **표결**을

드려요.   열어요.   시작해요.   진행해요.

2 [보기]처럼 바른 문장이 되도록 알맞은 말을 골라 빈칸에 쓰세요.

마을 회의 | 학급 회의

[보기] 반 친구들이 어떤 일을 결정하기 위해 의논하는 | 학급 회의 | 를 시작해요.

경로잔치 | 공수 인사

어르신들을 기쁘게 해 드리기 위해 | | 를 열어요.

공수 인사 | 악수

어르신들께 손을 앞으로 마주 잡고 공손하게 | | 를 드려요.

기록 | 표결

의견에 찬성 또는 반대의 생각을 표시하여 결정하는 | | 을 진행해요.

짧은 글로
만나기

사회자 : 지금부터 반 친구들이 어떤 일을 결정하기 위해 의논하는 **학급 회의**

를 시작하겠습니다. 회의 주제는 어르신들을 기쁘게 해 드리기 위

해 열릴 **경로잔치**에서 우리 반이 할 일을 결정하는 것입니다. 의견

을 말할 때는 먼저 손을 들고, 사회자의 허락을 받은 후, 이야기해

주시기 바랍니다.

3 학급 회의는 누가 의논하는 회의인가요? ○ 하세요.

```
어르신들
```

```
선생님들
```
```
반 친구들
```

4 이 학급 회의는 어디에서 우리 반 친구들이 할 일을
결정하기 위한 회의인가요? 답을 쓰세요.

이로운 : 어르신들께 **공수 인사**를 드리면 좋겠습니다. 공수 인사는 손을 앞

으로 마주 잡고 공손하게 인사하는 것입니다.

사회자 : 의견 감사합니다. 그러면 지금까지 나온 의견 중, 실천할 내용을

정하겠습니다. 이제부터 의견에 찬성 또는 반대의 생각을 표시하

여 결정하는 **표결**을 진행하겠습니다.

5 공수 인사를 하고 있는 친구들은 누구인가요? ○ 하세요.

6 학급 회의에서 실천할 내용을 정하기 위해 무엇을 진행하였나요? 답을 쓰세요.

표결 | 선거

→

토의

4학년 2반의 학급 회의

사회자 : 지금부터 반 친구들이 어떤 일을 결정하기 위해 의논하는 학급 회의를 시작하겠습니다. 회의 주제는 어르신들을 기쁘게 해 드리기 위해 열릴 경로잔치에서 우리 반이 할 일을 결정하는 것입니다. 의견을 말할 때는 먼저 손을 들고, 사회자의 허락을 받은 후, 이야기해 주시기 바랍니다. 네, 이로운 친구가 발표해 주십시오.

이로운 : 어르신들께 공수 인사를 드리면 좋겠습니다. 공수 인사는 손을 앞으로 마주 잡고 공손하게 인사하는 것으로, 예의 바르게 인사를 드립시다.

사회자 : 좋은 의견 고맙습니다. 다음은 박서윤 친구가 의견을 발표해 주십시오.

박서윤 : 어깨를 주물러 드리면 어떨까요? 어르신들께서 좋아하실 것 같습니다.

사회자 : 의견 감사합니다. 다음은 최덕이 친구가 발표해 주십시오.

최덕이 : 모둠별로 율동과 함께 노래 부르기 공연을 준비하면 좋겠습니다.

사회자 : 감사합니다. 다른 의견 없습니까? 그러면 지금까지 나온 의견 중, 실천할 내용을 정하겠습니다. 이제부터 의견에 찬성 또는 반대의 생각을 표시하여 결정하는 표결을 진행할 텐데요, 의견에 찬성하면 손을 들어 주세요.

7 4학년 2반 친구들은 무엇을 하고 있나요? ○ 하세요.

학급 회의

전교 회의

경로잔치

8 이 글의 마지막에 사회자의 말이 끝나고, 바로 다음에 이어질 4학년 2반 학생들의 모습은 무엇인가요? ○ 하세요.

9 학급 회의에서 의견을 말할 때는 어떻게 해야 하나요? 빈칸에 알맞은 말을 글에서 찾아 쓰세요.

먼저 ⬚을 들고, ⬚⬚⬚의 허락을 받은 후, 이야기합니다.

10 학급 회의에서 이로운과 박서윤의 의견이 선택되었다면, 4학년 2반 친구들은 경로잔치에서 무엇을 할까요? 빈칸에 알맞은 말을 글에서 찾아 쓰세요.

교과 융합

어르신들께 ⬚⬚ 인사를 드리고, ⬚⬚를 주물러 드립니다.

03 유미의 국어사전 만들기
동화

정답 및 해설 132쪽

어휘로
만나기

1

바른 문장이 되도록 선으로 연결하세요.

바구니가 •

사탕을 •

달리기 시합에 이겨 •

할머니의 눈이 •

• **우쭐하다.**

• **침침하다.**

• **묵직하다.**

• **사양하다.**

2

[보기]처럼 바른 문장이 되도록 알맞은 말을 골라 빈칸에 쓰세요.

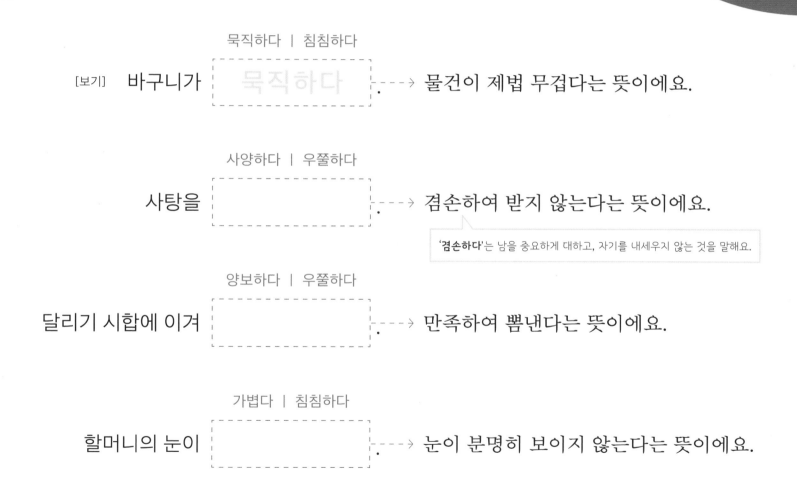

묵직하다 | 침침하다

[보기] 바구니가 묵직하다 . - - - → 물건이 제법 무겁다는 뜻이에요.

사양하다 | 우쭐하다

사탕을 . - - - → 겸손하여 받지 않는다는 뜻이에요.

> '**겸손하다**'는 남을 중요하게 대하고, 자기를 내세우지 않는 것을 말해요.

양보하다 | 우쭐하다

달리기 시합에 이겨 . - - - → 만족하여 뽐낸다는 뜻이에요.

가볍다 | 침침하다

할머니의 눈이 . - - - → 눈이 분명히 보이지 않는다는 뜻이에요.

짧은 글로
만나기

[국어사전 만들기]

묵직하다 : 비교적 큰 물건이 보기보다 제법 무겁다. ↔ 반대말 가볍다

　　　예 바구니가 꽤 묵직하다.

사양하다 : 겸손하여 받지 않거나 남에게 양보하다.

　　　예 할아버지께서 주시는 사탕을 사양하다.

3 '묵직하다'의 반대말은 무엇인가요? ○ 하세요.

가볍다

사양하다　　　무겁다

4 '겸손하여 받지 않거나 남에게 양보하다'라는 뜻을 가진 낱말은 무엇인가요? 답을 쓰세요.

→

다음 글을 읽고, 질문에 답하세요. [5~6]

[국어사전 만들기]

우쭐하다 : 뜻한 것을 이루어 만족하여 뽐내다.

예 달리기 시합에 이겨 우쭐하다.

침침하다 : 눈이 어두워 물건이 분명히 보이지 않고, 흐릿하다.

예 할머니의 눈이 침침하다.

5 '우쭐하다'의 뜻은 무엇인가요? ○ 하세요.

겸손하여 받지 않다.

뜻한 것을 이루어 만족하여 뽐내다.

6 '침침하다'를 알맞게 활용한 문장은 무엇인가요? 답을 쓰세요.

눈이 침침하다. | 바구니가 침침하다.

→

동화

유미의 국어사전 만들기

유미가 '나만의 국어사전 만들기' 숙제를 하다가 엄마께 여쭈어보았어요.

"엄마, 사전에서 모르는 낱말의 뜻은 찾았는데, 어떻게 정리해야 할지 모르겠어요."

"국어사전은 첫 자음자가 'ㄱ'인 낱말부터 'ㅎ'인 낱말 순서로 정리하면 좋단다.
반대말이나 비슷한말도 써넣으면, 다양한 어휘를 익힐 수 있어. 또 정리한 낱말이
들어 있는 짧은 문장도 쓰면, 낱말의 뜻을 더 쉽게 이해할 수 있지."

"아하! 그럼 이렇게 정리하면 되겠어요!"

묵직하다　비교적 큰 물건이 보기보다 제법 무겁다.　↔ 반대말 가볍다
　　　　　　예 바구니가 꽤 묵직하다.

사양하다　겸손하여 받지 않거나 남에게 양보하다.　– 비슷한말 거절하다, 양보하다
　　　　　　예 할아버지께서 주시는 사탕을 사양하다.

우쭐하다　뜻한 것을 이루어 만족하여 뽐내다.　예 달리기 시합에 이겨 우쭐하다.

침침하다　빛이 약하여 어둡다. 눈이 어두워 물건이 분명히 보이지 않고, 흐릿하다.
　　　　　　　　예 할머니의 눈이 침침하다.

---

7 유미는 숙제로 무슨 사전을 만들었나요? ○ 하세요.

국어사전

한자 사전

영어 사전

8 낱말 카드에 '침침하다'의 뜻을 정리했어요. 틀린 것에 X 하세요.

침침하다

1. 빛이 약하여 어둡다. ┈┈┈┈┈┈┈┈ ⬚

2. 뜻한 것을 이루어 뽐내다. ┈┈┈┈ ⬚

3. 눈이 어두워 물건이 분명히 보이지 않고, 흐릿하다. ┈┈┈┈┈┈┈┈┈┈ ⬚

9 엄마는 국어사전의 낱말을 어떤 순서로 정리하면 좋다고 하였나요? 빈칸에 알맞은 말을 글에서 찾아 쓰세요.

첫 자음자가 ' ⬚ '인 낱말부터 ' ⬚ '인 낱말 순서로 정리합니다.

10 '거절하다'는 '사양하다'와 어떤 관계의 낱말인가요? 빈칸에 알맞은 말을 글에서 찾아 쓰세요.

'거절하다'는 '사양하다'와 뜻이 ⬚ 입니다.

04 | 세종 대왕님, 감사합니다!
동화

공부한 날

 월 일

정답 및 해설 134쪽

어휘로
만나기

1
바른 문장이 되도록 선으로 연결하세요.

문맹  은 •   • 우리의 문자예요.

세종 대왕 은 •   • 글을 읽을 줄 모르는 사람이에요.

한자 는 •   • 조선의 네 번째 왕이에요.

훈민정음 은 •   • 중국의 문자예요.

2 [보기]처럼 바른 문장이 되도록 알맞은 말을 골라 빈칸에 쓰세요.

문맹 | 훈민정음

[보기] 　　문맹　　 은 배우지 못하여

글을 읽거나 쓸 줄 모르는 사람을 뜻해요.

문맹 | 세종 대왕

　　　　　　　 은 조선의 네 번째 왕이에요.

한자 | 영어

　　　　　　　 는 중국의 문자예요.

알파벳 | 훈민정음

　　　　　　　 은 우리의 문자로,

'백성을 가르치는 바른 소리'라는 뜻이에요.

다음 글을 읽고, 질문에 답하세요. [3~4]

짧은 글로
만나기

"배우지 못하여 글을 읽거나 쓸 줄 모르는 사람을 **문맹**이라고 하는구나.

우리나라는 쉽고 과학적인 한글 덕에 문맹이 적은 편이라니! 대단해."

그 순간 세은이의 몸이 신문 속으로 쭉 빨려 들어갔어요.

"어서 오렴. 나는 조선의 네 번째 왕이란다. 너희가 **세종 대왕**이라 부른

다지?"

3 문맹이란 무엇을 읽거나 쓸 줄 모르는 사람을 뜻하는 말인가요? ○ 하세요.

악기

모자　　　　글

4 세종 대왕은 조선의 몇 번째 왕인가요? 답을 쓰세요.

세 번째　|　네 번째

→

"세종 대왕님, 어떻게 훈민정음을 만들게 되셨나요?"

"우리의 문자가 있기 전, 중국의 문자인 **한자**로 우리말을 적었지. 그러나 한자는 배우기가 쉽지 않아서, 많은 백성이 글을 읽지 못했단다. 나는 안타까운 마음에 누구나 쉽고 빠르게 배울 수 있는 우리의 문자를 만들었지. 그것이 '백성을 가르치는 바른 소리'란 뜻의 '**훈민정음**'이란다."

5 한자는 어느 나라의 문자인가요? ○ 하세요.

중국

영국 　　　 프랑스

6 세종 대왕이 만든 우리 문자의 이름은 무엇인가요? 답을 쓰세요.

동화

긴글로
만나기

세종 대왕님, 감사합니다!

세은이는 한글의 우수성에 관한 신문 기사를 읽으며 감탄했어요.

"배우지 못하여 글을 읽거나 쓸 줄 모르는 사람을 문맹이라고 하는구나. 우리나라는 배우기 쉽고, 과학적인 한글 덕에 문맹이 아주 적은 편이라니! 한글은 대단해."

그 순간 세은이의 몸이 신문 속으로 쭉 빨려 들어가더니, 낯선 곳에 도착했어요.

"어서 오렴. 나는 조선의 네 번째 왕이란다. 너희가 세종 대왕이라 부른다지?"

"세상에! 진짜 세종 대왕님이세요? 어떻게 훈민정음을 만들게 되셨나요?"

"우리의 문자가 있기 전, 중국의 문자인 한자로 우리말을 적었지. 그러나 한자는 배우기가 쉽지 않아서, 많은 백성이 글을 읽거나 쓰지 못했단다. 나는 안타까운 마음에 누구나 쉽고 빠르게 배울 수 있는 우리의 문자를 만들었지. 그것이 '백성을 가르치는 바른 소리'란 뜻의 '훈민정음'이란다. 훗날 훈민정음을 우리말로 '한글'이라 이름 붙여 주었더구나. 멋진 이름이야."

세종 대왕의 말에 감동한 세은이가 말했어요.

"백성을 사랑하는 마음을 담아 우리의 문자를 만들어 주신 세종 대왕님, 정말 감사합니다! 앞으로 한글을 더욱 아끼고, 바르게 사용하도록 노력할게요."

7 세은이는 무엇을 읽고 있었나요? ○ 하세요.

교과서

만화책

신문

8 친구들이 이 글을 읽고 나눈 대화예요. 바르게 이야기한 사람의 말에 ○ 하세요.

우리의 문자가 있기 전에도 많은 백성들이 한자를 잘 읽고 썼구나.

지수

쉽고 과학적인 한글 덕에 우리나라는 문맹이 아주 적은 편이구나.

정국

9 이 글을 읽고 정리한 내용이에요. 빈칸에 알맞은 말을 글에서 찾아 쓰세요.

훈민정음은 ☐☐ ☐☐님이 만들었습니다.

훈민정음은 '☐☐을 가르치는 바른 ☐☐'라는 뜻입니다.

훈민정음은 훗날 '☐☐'이라 불리게 되었습니다.

공부한 날

월

일

정답과 해설 160쪽

★ 설문대할망 이야기 장면을 설명해요. ● 빈칸에 알맞은 말을 [보기]에서 골라 쓰세요.

[보기] **허름해요** **감추어요** **지어요** **쏟아부어요**

설문대할망이
치마에 흙을
가득 담아

_____ .

할머니는
옷이 딱 한 벌뿐이라

매우 _____ .

마을 사람들이
할머니를 위해

속옷을 지어요 .

완성되지 않은
속옷을 본 할머니가

모습을 _____ .

★ **4학년 2반의 학급 회의** 회의 내용을 기록해요.   ● 빈칸에 알맞은 말을 [보기]에서 골라 쓰세요.

[보기]	공수 인사	경로잔치	표결	학급 회의

4학년 2반의 [학급 회의]

주제	어르신들을 기쁘게 해 드리기 위한 [ ]에서 우리 반이 할 일
의견	❶ 어르신들께 손을 앞으로 마주 잡고 공손하게 [ ]를 드리자. ❷ 어깨를 주물러 드리자. ❸ 모둠별로 노래 부르기 공연을 준비하자.
결과	의견에 찬성 또는 반대의 생각을 표시하여 결정하는 [ ]을 진행한 결과, ❶, ❷ 의견을 실행하기로 하였다.

★ 유미의 국어사전 만들기 낱말 카드를 만들어요.

● 빈칸에 알맞은 말을 [보기]에서 골라 쓰세요.

[보기]	침침하다	우쭐하다	사양하다	묵직하다

[ ]

1. 비교적 큰 물건이 보기보다 제법 무겁다.
2. 사람이 조심스럽고 무게가 있다.

반대말 가볍다

[ ]

1. 겸손하여 받지 않거나 남에게 양보하다.

비슷한말 거절하다, 양보하다

[ ]

1. 크게 몸을 한 번 움직이다.
2. 뜻한 것을 이루어 만족하여 뽐내다.

[ ]

1. 빛이 약하여 어둡다.
2. 눈이 어두워 물건이 분명히 보이지 않고, 흐릿하다.

★ 세종 대왕님, 감사합니다! 인터뷰를 해요. ● 빈칸에 알맞은 말을 [보기]에서 골라 쓰세요.

[보기]	훈민정음	문맹	한자	세종 대왕

세은 : 본인을 소개해 주세요.

세종 : 조선의 네 번째 왕이자, 우리의 문자를 만든 ＿＿＿＿＿＿＿＿ 이란다.

세은 : 우리의 문자가 있기 전에는 어떤 문자를 사용했나요?

세종 : 중국의 문자인 ＿＿＿＿＿＿＿＿ 를 사용했단다.

세은 : 한글의 옛 이름은 무엇인가요?

세종 : '백성을 가르치는 바른 소리'란 뜻의 ＿＿＿＿＿＿＿＿ 이지.

세은 : 배우기 쉬운 한글 덕분에 우리나라는 글자를 읽거나 쓸 줄 모르는

＿＿＿＿＿＿＿＿ 이 아주 적대요. 정말 자랑스러워요.

세종 : 앞으로 우리의 한글을 더욱 아끼고 사랑해 주렴.

한글을 지키고 발전시킨, 주시경

훈민정음에 '한글'이라는 우리말 이름을 붙인 사람은 누구일까요? 바로 주시경 선생이라고 알려져 있어요. '한글'에는 '큰 글자'라는 뜻이 들어 있어요.

주시경 선생(1876~1914)이 살던 시기는 다른 나라들이 우리나라를 차지하려고 넘보던 때였어요. 선생은 이런 때일수록 우리말과 글을 지키는 것이 나라의 힘을 키우는 것이라고 생각했어요. 선생은 한글을 사용하는 규칙을 정리하여 『국어 문법』을 만들고, 우리나라 최초의 국어사전인 『말모이』를 만들기 위해 노력하기도 했어요. 또 사람들에게 한글도 가르쳐 주었지요. 항상 커다란 책 보따리를 들고 다녀서 '주 보따리'라고 불렸어요.

안타깝게도 주시경 선생은 병에 걸려 짧은 생을 마감하고 말았어요. 그러나 선생의 업적은 오래도록 우리 곁에 남아, 한글 발전의 밑거름이 되었답니다.

사회와 도덕

지도 박물관 홈페이지

친구에게 보내는 편지

공공 기관에서 하는 일

교과 융합 통일 전망대를 다녀와서

06 지도 박물관 홈페이지

질문과 답변

정답 및 해설 136쪽

어휘로
만나기

1 바른 문장이 되도록 선으로 연결하세요.

지도  는 •

방위표 는 •

축척 은 •

등고선 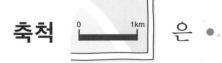 은 •

• 동서남북을 나타내는 표예요.

• 땅의 높이가 같은 곳을 연결한 선이에요.

• 땅의 모습을 줄여서 나타낸 그림이에요.

• 지도에서 실제 거리를 줄인 정도를 뜻해요.

2 [보기]처럼 바른 문장이 되도록 알맞은 말을 골라 빈칸에 쓰세요.

지도 ㅣ 방위표

[보기] 　지도　 는 땅의 모습을 일정한 형식에 따라 줄여서 나타낸 그림이에요.

방위표 ㅣ 지도

　　　　 는 지도에서 동서남북을 나타내는 표예요.

등고선 ㅣ 축척

　　　　 은 지도에서 실제 거리를 줄인 정도를 뜻해요.

축척 ㅣ 등고선

　　　　 은 지도에서 땅의 높이가 같은 곳을 연결한 선이에요.

짧은 글로
만나기

    지도는 위에서 내려다본 땅의 실제 모습을 일정한 형식에 따라 줄여서 나타낸 그림이에요. 지도가 있으면 길도 찾고, 장소의 위치도 쉽게 알 수 있어요.

    '방위'는 방향의 위치라는 뜻으로, 동서남북이 있어요. **방위표**는 지도에서 동서남북을 나타낸 표예요.

3 지도에서 알 수 있는 것은 무엇인가요? ○ 하세요.

장소의 무게

장소의 색깔   장소의 위치

4 방위표는 무엇을 나타낸 표인가요? 답을 쓰세요.

동서남북 | 춘하추동

→

지도에서는 '0 ___ 1km'처럼 **축척**을 표시해요. 축척이란 지도에서 실제 거리를 줄인 정도를 뜻해요.

지도에서는 땅의 높낮이를 나타내기 위해 **등고선**을 활용해요. 등고선은 땅의 높이가 같은 곳을 연결한 선이에요.

---

5 지도에서 축척은 무엇을 뜻하나요? ○ 하세요.

    ┌─────────────────────────┐
    │   실제 거리를 늘린 정도   │
    └─────────────────────────┘

         ┌─────────────────────────┐
         │   실제 거리를 줄인 정도   │
         └─────────────────────────┘

6 지도에서 등고선은 무엇을 나타내기 위해 활용하나요? 답을 쓰세요.

    → 땅의 [   ] [   ] [   ]

긴 글로
만나기

질문과 답변

지도 박물관 홈페이지 ▶ 자주 묻는 질문

질문   지도는 왜 필요한가요?

ㄴ **답변**   지도는 위에서 내려다본 땅의 실제 모습을 일정한 형식에 따라 줄여서 나타낸 그림이에요. 지도가 있으면 길도 찾고, 장소의 위치도 쉽게 알 수 있어요.

질문   지도에 있는 방위표는 무엇인가요?

ㄴ **답변**   '방위'는 방향의 위치라는 뜻으로, 동서남북이 있어요. 방위표는 지도에서 동서남북을 나타낸 표예요.

질문   지도에 $\overset{0\quad\ 1km}{\rule{1.5cm}{0.4mm}}$ 표시가 있던데, 이것은 무슨 뜻인가요?

ㄴ **답변**   축척을 나타낸 것이에요. 축척이란 지도에서 실제 거리를 줄인 정도를 뜻해요. 위의 축척은 실제 거리 1km를 1cm로 줄여서 지도를 그렸다는 뜻이에요.

질문   지도에서 땅의 높낮이를 어떻게 나타내나요?

ㄴ **답변**   등고선과 색깔을 활용해요. 등고선은 땅의 높이가 같은 곳을 연결한 선이에요. 등고선으로 높이가 같은 곳을 표시하고, 높이에 따라 색깔을 다르게 칠해요. 가장 낮은 곳은 초록색, 높아질수록 노란색, 갈색 순으로 표현하지요.

7 이 글을 쓴 까닭은 무엇인가요? ○ 하세요.

지도 박물관에 오는 길을
알려 주기 위해

사람들이 자주 묻는 질문에
답하기 위해

8 홈페이지를 보고, 친구들이 대화를 해요. 맞는 말에 ○, 틀린 말에 X 하세요.

이 표시는 실제 거리 1km를 1cm로 줄여서 지도를 그렸다는 뜻이야.

지민

지도에서는 땅의 높이가 가장 낮은 곳을 갈색으로 칠해.

제니

9 아래의 표시는 지도에서 볼 수 있어요. 이것은 무엇일까요? 빈칸에 알맞은 말을 글에서 찾아 쓰세요.

 이것은 동서남북을 나타내는 표인 [   ]입니다.

10 지도에서는 땅의 높낮이를 어떻게 나타내나요? 빈칸에 알맞은 말을 글에서 찾아 쓰세요.

[   ]과 [   ]로 땅의 높낮이를 나타냅니다.

07 | 친구에게 보내는 편지

편지글

정답 및 해설 138쪽

어휘로
만나기

1 바른 문장이 되도록 선으로 연결하세요.

현재 남아 있는 것은
자격루의 일부예요.

장영실은 **손재주**가   **자격루**는 **앙부일구**는

뛰어나요. 과학자예요.   해시계예요. 물시계예요.

2 [보기]처럼 바른 문장이 되도록 알맞은 말을 골라 빈칸에 쓰세요.

이순신 | 장영실

[보기] `장영실` 은 조선 시대의 훌륭한 과학자예요.

손재주 | 말재주

장영실은 물건을 만들고 고치는 [   ] 가 뛰어났어요.

앙부일구 | 자격루

[   ] 는 스스로 소리를 내어 시간을 알려 주는 자동 물시계예요.

앙부일구 | 자격루

[   ] 는 해시계로, 햇빛이 비춰 생기는 그림자로 시간을 알 수 있어요.

짧은 글로
만나기

[다영이의 편지]

　오늘은 내가 사는 부산의 역사적 인물인 장영실을 소개하려고 해.

　장영실은 조선 시대의 훌륭한 과학자야. 이것저것 물건을 만들고 고치는

손재주가 뛰어났대. 장영실의 스승이 그 재주를 알아보고, 세종 대왕에게

추천했어.

3 장영실은 어느 시대에 살았던 과학자인가요? ○ 하
세요.

> 삼국 시대

> 고려 시대　　　조선 시대

4 장영실의 스승은 무엇이 뛰어난 장영실을 세종 대
왕에게 추천했나요? 답을 쓰세요.

다음 글을 읽고, 질문에 답하세요. [5~6]

[다영이의 편지]

　자격루는 스스로 소리를 내며 시간을 알려 주는 자동 물시계야. 물이 흘러내려 가 장치들을 움직이며 소리를 내서, 시간을 알려 주었어.

　앙부일구는 해시계인데, 솥 모양의 그릇 안에 바늘이 달려 있어. 햇빛이 비춰 바늘의 그림자가 생기면, 그림자의 위치를 보고 시간을 알 수 있었지.

5 자동 물시계인 자격루는 어떻게 시간을 알려 주었나요? ○ 하세요.

스스로 소리를 내서

스스로 빛을 내서

6 앙부일구는 햇빛이 비춰 바늘의 무엇이 생기면 시간을 알 수 있나요? 답을 쓰세요.

물　|　그림자

→

편지글

친구에게 보내는 편지

태선이에게

태선아, 안녕? 나 다영이야. 오늘은 내가 사는 부산의 역사적 인물인 장영실을 소개하려고 편지를 써.

장영실은 조선 시대의 훌륭한 과학자로, 옛날 부산의 동래현에서 태어났어. 신분이 매우 낮았지만, 이것저것 물건을 만들고 고치는 손재주가 뛰어났대. 장영실의 스승이 그 재주를 알아보고, 세종 대왕에게 추천했어. 세종 대왕은 능력을 발휘할 수 있도록 기회를 주었고, 장영실은 여러 훌륭한 발명품을 만들었지. 대표적인 발명품으로는 자격루와 앙부일구가 있어.

자격루는 스스로 소리를 내며 시간을 알려 주는 자동 물시계야. 물이 일정한 속도로 흘러내려 가 여러 장치들을 움직이며 소리를 내서, 두 시간마다 시간을 알려 주었어.

앙부일구는 해시계인데, 솥 모양의 그릇 안에 바늘이 달려 있어. 햇빛이 비춰 바늘의 그림자가 생기면, 그림자의 위치를 보고 시간을 알 수 있었지.

다음에는 너희 지역에 살았던 역사적 인물에 대해 이야기해 주렴. 그럼, 안녕!

20○○년 7월 18일

부산에서 다영이가

7 장영실이 만든 해시계는 무엇인가요? ○ 하세요.

자격루

석굴암

앙부일구

8 빈칸에 들어갈 말로 알맞은 것은 무엇인가요? ○ 하세요.

> 장영실 : 나는 신분이 매우 낮았지만, 세종 대왕님께서 기회를 주셔서 발명품을 만드는 ⬚⬚가 될 수 있었어.

화가

과학자

의사

9 장영실이 만든 발명품에 대한 설명이에요. 빈칸에 알맞은 말을 글에서 찾아 쓰세요.

자격루와 앙부일구는 ⬚⬚을 알려 주는 발명품입니다.

10 다영이가 친구에게 장영실을 소개한 이유는 무엇인가요? 빈칸에 알맞은 말을 글에서 찾아 쓰세요.

다영이가 사는 부산의 ⬚⬚⬚⬚⬚이기 때문입니다.

08 | 공공 기관에서 하는 일
뉴스

정답 및 해설 140쪽

어휘로
만나기

1

바른 문장이 되도록 선으로 연결하세요.

공공 기관 은 •   • 지역 주민을 위해 일해요.

보건소 는 •   • 교육과 관련된 일을 해요.

교육청 은 •   • 법에 따라 재판을 해요.

법원 은 •   • 질병을 치료해요.

2 [보기]처럼 바른 문장이 되도록 알맞은 말을 골라 빈칸에 쓰세요.

공공 기관 ｜ 개인 기관

[보기] ┌─────────────┐
       │ 공공 기관   │ 은 지역 주민 전체의 이익과 편리한 생활을 위해 일해요.
       └─────────────┘

경찰서 ｜ 보건소

┌─────────────┐
│   │ 는 감염병과 질병을 예방하고 치료해요.
└─────────────┘

감염병은 병균이 몸에 들어와서 걸리는 병을 말해요.

교육청 ｜ 우체국

┌─────────────┐
│   │ 은 학교를 짓는 등 학생들의 교육과 관련된 일을 해요.
└─────────────┘

법원 ｜ 도서관

┌─────────────┐
│   │ 은 법에 따라 공정하게 재판을 해요.
└─────────────┘

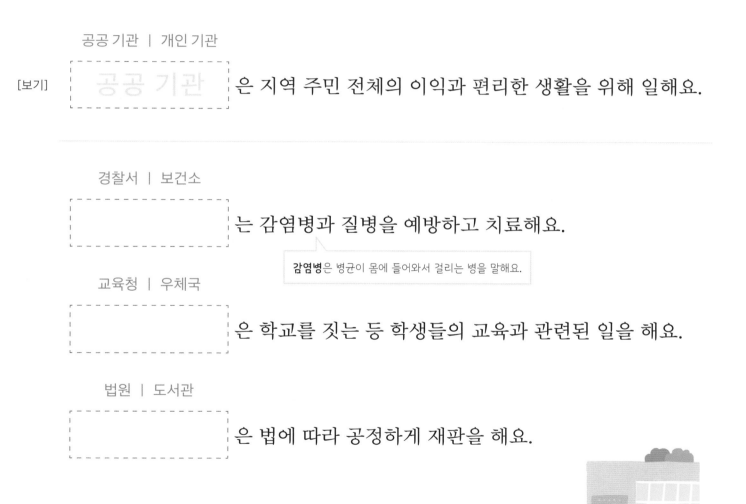

다음 글을 읽고, 질문에 답하세요. [3~4]

짧은 글로
만나기

진행자 : **공공 기관**은 개인의 이익이 아닌, 지역 주민 전체의 이익과 편리한 생활을 위해 국가가 세우거나 관리하는 곳입니다. 공공 기관이 각각 어떤 일을 하고 있는지 알아보겠습니다.

박 기자 : 여기는 **보건소**입니다. 보건소에서는 지역 주민들의 감염병과 질병을 예방하고 치료하기 위해 노력하고 있습니다.

3 지역 주민을 위해 일하는 공공 기관은 누가 세우거나 관리하나요? ○ 하세요.

개인

국가   회사

4 보건소에서는 지역 주민들의 무엇을 예방하고 치료하기 위해 노력하고 있나요? 답을 쓰세요.

감염병과 질병 | 억울한 일

→

최 기자 : 저는 **교육청**에 나와 있습니다. 교육청은 학생들의 교육과 관련된
　　　　　 일을 합니다. 학교를 짓거나 고치고, 학교 시설을 지원하여 학생들
　　　　　 이 좋은 교육 환경에서 공부할 수 있도록 합니다.
김 기자 : 여기는 **법원**입니다. 법원은 사람들끼리 다툼이 생기면 법에 따라
　　　　　 재판을 하여, 옳고 그름을 밝혀 문제를 해결해 줍니다.

5 교육청은 무엇과 관련된 일을 하는 곳인가요? ○ 하세요.

주민의 안전

질병 치료　　　학생들의 교육

6 법원은 사람들끼리 다툼이 생기면 법에 따라 무엇을 하나요? 답을 쓰세요.

공공 기관에서 하는 일

긴 글로
만나기

진행자 : 공공 기관은 개인의 이익이 아닌, 지역 주민 전체의 이익과 편리한 생활을 위해 국가가 세우거나 관리하는 곳입니다. 우리 지역에도 많은 공공 기관이 있는데요, 각각 어떤 일을 하고 있는지 알아보겠습니다. 박 기자!

박 기자 : 네, 여기는 보건소입니다. 보건소에는 겨울 독감에 대비해 예방 주사를 맞으려는 사람들이 줄을 서 있습니다. 이처럼 보건소에서는 지역 주민들의 감염병과 질병을 예방하고 치료하기 위해 노력하고 있습니다.

최 기자 : 저는 교육청에 나와 있습니다. 교육청은 학생들의 교육과 관련된 일을 합니다. 학교를 짓거나 고치고, 과학 실험 도구나 컴퓨터 등 학교 시설을 지원하여 학생들이 좋은 교육 환경에서 공부할 수 있도록 합니다.

김 기자 : 여기는 법원입니다. 법원은 사람들끼리 다툼이 생기면 법에 따라 재판을 하여, 옳고 그름을 밝혀 문제를 해결해 줍니다. 법원은 공정한 재판을 통하여 억울한 일을 당하는 사람이 없도록 하기 위해 노력하고 있습니다.

진행자 : 이 외에도 우리 지역에는 (㉠   ) 등 여러 공공 기관이 있습니다. 공공 기관을 통해 주민 여러분의 생활이 더욱 편리해졌으면 합니다.

7 이 뉴스는 무엇에 대한 정보를 알려 주고 있나요? ○ 하세요.

박물관

공공 기관

개인 기관

8 (㉠)에 들어갈 수 있는 공공 기관으로 알맞은 것은 무엇인가요? 모두 ○ 하세요.(2개)

| 문구점 | 경찰서 | 주민 센터 |

9 (가)와 (나)의 상황은 각각 어떤 공공 기관에서 해결할 수 있을까요? 빈칸에 알맞은 공공 기관을 글에서 찾아 쓰세요.

(가) : 학교에 학생들이 사용할 컴퓨터가 부족합니다. 컴퓨터의 수를 더 늘려 주세요.

(나) : 억울한 일을 당했습니다. 법에 따라 공정한 재판을 해서 제 억울함을 풀어 주세요.

(가)는 [　　　　]에서, (나)는 [　　　　]에서 해결할 수 있습니다.

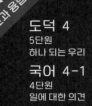
도덕 4
5단원
하나 되는 우리

국어 4-1
4단원
일에 대한 의견

09 | 통일 전망대를 다녀와서
기행문

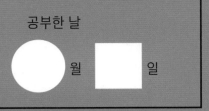
정답 및 해설 142쪽

어휘로
만나기

1 바른 문장이 되도록 선으로 연결하세요.

 남한과 북한으로 •   • **분단**되어 있어요.

휴전 을 •   • 이루어요.

이산가족 이 되어 •   • 약속해요.

통일  을 •   • 가족들과 만나지 못해요.

2 [보기]처럼 바른 문장이 되도록 알맞은 말을 골라 빈칸에 쓰세요.

통일 | 분단

[보기]   우리나라는 남한과 북한으로 분단 되어 있어요.

휴전 | 휴식

전쟁을 얼마 동안 멈추는 [   ] 을 약속했어요.

이산가족 | 다문화 가족

분단 때문에 가족과 헤어져 만나지 못하는 [   ] 들이 있어요.

통일 | 분단

[   ] 을 이루어 남한과 북한이 서로 하나가 되었으면 좋겠어요.

짧은 글로
만나기

지난 주말, 아빠와 강원도 고성에 있는 통일 전망대를 견학했다.

우리나라는 남한과 북한으로 **분단**되어 있다. 1950년 6월 25일, 북한의 침략으로 전쟁이 일어났고, 3년 뒤 전쟁을 얼마 동안 멈추는 **휴전**을 약속했다. 이후 서로 갈등을 해결하지 못한 채, 지금까지 둘로 나뉘어져 있는 것이다.

3 휴전은 무엇을 멈추는 것인가요? ○ 하세요.

통일

여행   전쟁

4 우리나라는 무엇과 무엇으로 분단되어 있나요? 답을 쓰세요.

→ ☐☐ 과 ☐☐

다음 글을 읽고, 질문에 답하세요. [5~6]

통일 전망대를 견학하다 보니, 북한이 이렇게 가까운데도 남한과 북한이 서로 오고 갈 수 없다는 사실이 슬펐다. 분단 때문에 가족과 헤어져 만나지 못하는 **이산가족**들의 마음이 몹시 아플 것 같았다.

전망대를 내려오며, 하루빨리 **통일**을 이루어 남한과 북한이 하나가 되기를 마음속으로 빌었다.

5 분단 때문에 가족과 헤어져 만나지 못하는 사람들을 무엇이라고 하나요? ○하세요.

확대 가족

다문화 가족   이산가족

6 글쓴이는 어디를 내려오며 하루빨리 통일이 이루어지기를 빌었나요? 답을 쓰세요.

전망대 | 금강산

→

기행문

통일 전망대를 다녀와서

지난 주말, 아빠와 강원도 고성에 있는 통일 전망대를 견학했다.

우리나라는 남한과 북한으로 분단되어 있다. 1950년 6월 25일, 북한의 침략으로 전쟁이 일어났고, 3년 뒤 전쟁을 얼마 동안 멈추는 휴전을 약속했다. 이후 서로 갈등을 해결하지 못한 채, 지금까지 둘로 나뉘어져 있는 것이다. 통일 전망대로 가는 동안 나는 마음이 무척 무거웠다.

아빠와 나는 통일 전망대 출입 신고소에 도착해서, 출입 신고서를 작성했다. 전망대를 가려면 중간에 출입증도 받아야 했다. 너무 낯설고, 긴장되었다.

전망대에 도착해 망원경으로 주변을 둘러보니 저 멀리 금강산이 보였다. 말로만 들었던 북한의 금강산을 이렇게 볼 수 있다는 것이 신기했다. 하지만 북한이 이렇게 가까운데도 서로 오고 갈 수 없다는 사실이 슬펐다. 분단 때문에 가족과 헤어져 만나지 못하는 이산가족들의 마음이 몹시 아플 것 같았다.

전망대를 내려오며 통일에 대해 생각해 본 적이 없는 내가 부끄러웠다. 하루빨리 통일을 이루어 남한과 북한이 하나가 되기를 마음속으로 빌었다.

7 이 글은 어디를 다녀와서 쓴 기행문인가요? ○ 하세요.

첨성대

통일 전망대

백두산

8 이 글의 내용이에요. 사실인 경우에는 '사', 의견인 경우에는 '의'라고 쓰세요.

남한과 북한이 서로 오고 갈 수 없다는 사실이 슬펐다.	의
1950년 6월 25일, 북한의 침략으로 전쟁이 일어났다.	
이산가족들의 마음이 몹시 아플 것 같았다.	

9 글쓴이는 통일 전망대에서 망원경으로 무엇을 보았나요? 빈칸에 알맞은 말을 글에서 찾아 쓰세요.

북한의 [　　　　　] 을 보았습니다.

10 글쓴이가 통일 전망대를 다녀와서 친구에게 한 이야기예요. 빈칸에 알맞은 말을 글에서 찾아 쓰세요.

"빨리 [　　　　] 이 되어서 남한과 북한이 자유롭게 오고 갈 수 있으면 좋겠어."

★ **지도 박물관** 지도를 살펴요.

● 빈칸에 알맞은 말을 [보기]에서 골라 쓰세요.

[보기]	방위표	축척	등고선	지도

우리 동네 지도

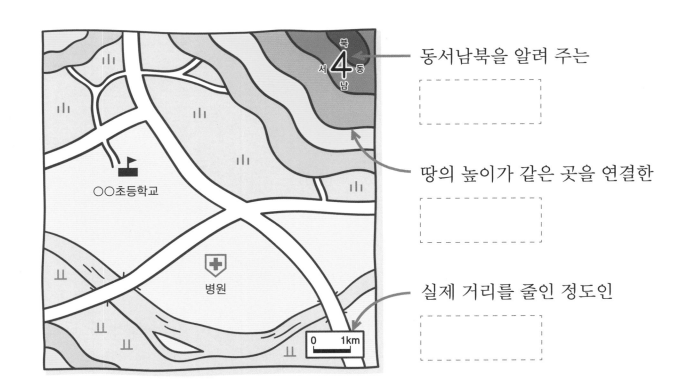

동서남북을 알려 주는

땅의 높이가 같은 곳을 연결한

실제 거리를 줄인 정도인

정답과 해설 161쪽

★ 친구에게 보내는 편지 인물 카드를 만들어요.

● 빈칸에 알맞은 말을 [보기]에서 골라 쓰세요.

[보기]	자격루	장영실	앙부일구	손재주

- **이름** ┌─────────┐

- **특징** 조선 시대 과학자. 세종 대왕 시기에 능력을 발휘함.

  물건을 만들고 고치는 ┌─────────┐ 가 뛰어남.

- **대표 발명품**

┌─────────┐

스스로 소리를 내서
시간을 알려 주는
자동 물시계

┌─────────┐

햇빛이 비춰 생기는
그림자로 시간을
알 수 있는 해시계

★ 공공 기관에서 하는 일 정보를 정리해요.

● 빈칸에 알맞은 말을 [보기]에서 골라 쓰세요.

[보기]	보건소	공공 기관	법원	교육청

[ ] : 지역 주민 전체의 이익과 편리한 생활을 위해 일하는 곳.

[ ] : 감염병과 질병을 예방하고 치료하는 곳.

[ ] : 학생들의 교육과 관련된 일을 하는 곳.

[ ] : 법에 따라 공정하게 재판을 하는 곳.

★ 통일 전망대를 다녀와서

체험 학습 보고서를 써요.

● 빈칸에 알맞은 말을 [보기]에서 골라 쓰세요.

[보기]	이산가족	통일	분단	휴전

장소	강원도 고성 통일 전망대	날짜	20○○년 ○○월 ○○일
본 것	통일 전망대에 올라가서 망원경으로 북한의 금강산을 봄.		
알게 된 점	• 우리나라는 남한과 북한으로 나뉘어진 [분단] 국가임. • 지금 우리나라는 전쟁을 얼마 동안 멈춘 [　　　] 상태임.		
느낀 점	• 분단 후 가족과 헤어져 만나지 못하는 [　　　] 들의 마음이 아플 것 같음. • 하루빨리 [　　　] 을 이루어 남한과 북한이 하나가 되었으면 함.		

자격루와 앙부일구

자격루는 조선 시대에 만들어진 물시계예요. '스스로 (종을) 치는 물시계'라는 뜻으로, 두 시간마다 한 번씩, 하루에 열두 번 종을 울려 시간을 알렸지요. 자격루는 낮이나 밤이나, 비가 오나 눈이 오나 정확한 시간을 알려 주었답니다.

비슷한 시기에 앙부일구라는 해시계도 만들어졌어요. 앙부일구는 가마솥처럼 생긴 동그란 그릇 안쪽에 시간을 알려 주는 선과 계절을 알려 주는 선이 그어져 있고, 뾰족한 바늘이 달려 있어요. 햇빛을 받아 바늘의 그림자가 생기면, 그 위치에 따라 시간과 계절을 알 수 있어요. 하지만 앙부일구는 해가 있어야만 시간을 알 수 있었어요.

종·북·징으로
시간을 알려요.

◀ 자격루

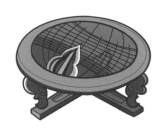

◀ 앙부일구

과학과 수학

교과 융합

과학 4-1
2단원
지층과 화석

국어 4-1
2단원
내용을 간추려요

11 삼엽충 할아버지

동화

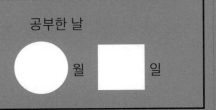
정답 및 해설 144쪽

어휘로
만나기

1

바른 문장이 되도록 선으로 연결하세요.

암석은 단단한 돌을 말해요.

삼엽충 은 •

• 암석이 층층이 쌓인 것이에요.

퇴적물 은 •

• 오래전에 바다에 살았던
동물이에요.

지층 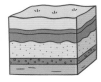 은 •

• 자갈, 모래, 진흙 등이
쌓인 것이에요.

화석  은 •

• 퇴적암 속에 남은
옛날의 흔적이에요.

2 [보기]처럼 바른 문장이 되도록 알맞은 말을 골라 빈칸에 쓰세요.

멸종은 한 동물이나 식물이 아예 사라져 버리는 것을 말해요.

삼엽충 | 북극곰

[보기]   삼엽충   은 오래전에 바다에 살았던 동물로, 지금은 멸종되었어요.

화석 | 퇴적물

　　　　　　 은 물에 의해 떠내려온 자갈, 모래, 진흙 등이 쌓인 것이에요.

지층 | 삼엽충

　　　　　　 은 암석이 층층이 쌓인 것이에요.

퇴적물 | 화석

　　　　　　 은 퇴적암 속에 오래전에 살았던 생물의 흔적이 남은 것이에요.

퇴적암은 퇴적물이 굳어져 만들어진 암석을 말해요.

짧은 글로
만나기

나는 **삼엽충** 할아버지란다. 아주 오랜 옛날, 사람이 살기도 전에 지구에 살았던 바다 동물이야. 아쉽지만 지금은 멸종되어 나를 볼 수 없단다.

나는 죽은 후, 바다 바닥으로 가라앉았어. 이후 육지에서 물에 의해 떠내려온 자갈, 모래, 진흙 등 **퇴적물**이 내 몸 위로 차곡차곡 쌓였지.

3 삼엽충 할아버지를 지금은 볼 수 없는 이유는 무엇인가요? ○ 하세요.

바다에 살아서

외국에 가서   멸종되어서

4 죽은 삼엽충 할아버지의 몸 위로 자갈, 모래, 진흙 등 무엇이 쌓였나요? 답을 쓰세요.

→

나는 삼엽충 할아버지란다. 오랜 시간에 걸쳐 내 몸 위로 암석이 층층이 쌓여 **지층**이 만들어졌지. 지층은 점점 땅 위로 솟아올랐어. 그러고는 물과 바람이 지층을 깎아 내, 지층 속에 있던 나의 흔적이 발견된 거야.

나를 **화석**이라고 부른다지? 화석이란 오랜 옛날에 살았던 생물의 몸이나, 생물이 생활한 흔적이 퇴적암 속에 남아 있는 것이라더군.

생물은 동물, 식물 등을 말해요.

5 땅 위로 솟아오른 지층을 무엇이 깎아 냈나요? 모두 ○ 하세요.(2개)

```
┌──────────────┐
│      물       │
└──────────────┘

┌──────────┐   ┌──────────┐
│   바람    │   │   진흙    │
└──────────┘   └──────────┘
```

6 옛날에 살았던 생물의 흔적 등이 퇴적암 속에 남아 있는 것을 무엇이라고 하나요? 답을 쓰세요.

화석 | 암석

```
┌──────────────────────────┐
│  →                        │
└──────────────────────────┘
```

동화

삼엽충 할아버지

안녕? 나는 삼엽충 할아버지란다. 내 이야기를 들어 볼래?

나는 아주 오랜 옛날, 사람이 살기도 전에 지구에 살았던 바다 동물이야. 지금도 바다에 살고 있냐고? 아쉽지만 지금은 멸종되어 살아 있는 나를 볼 수 없단다.

나는 죽은 후, 바다 바닥으로 가라앉았어. 이후 육지에서 물에 의해 떠내려온 자갈, 모래, 진흙 등 퇴적물이 내 몸 위로 차곡차곡 쌓였지.

시간이 지나면서 퇴적물은 굳어져 암석이 되었고, 그 위로 또 다른 퇴적물이 쌓여 새로운 암석이 되었어. 이렇게 오랜 시간에 걸쳐 내 몸 위로 암석이 층층이 쌓였지. 지층이 만들어진 것이야.

내가 들어 있던 지층은 점점 땅 위로 솟아올랐어. 그러고는 물과 바람이 지층을 깎아 냈지. 그래서 지층 속에 있던 나의 흔적이 발견된 거야.

너희들은 나를 화석이라고 부른다지? 화석이란 오랜 옛날에 살았던 생물의 몸이나, 생물이 생활한 흔적이 퇴적암 속에 남아 있는 것이라더군.

나는 이제 퇴적암이 아닌, 이 박물관에서 지내게 되었단다. 자주 만나러 와 주렴.

7 삼엽충 할아버지의 화석은 지금 어디에 있나요? ○ 하세요.

공원

바다

박물관

8 암석이 층층이 쌓여서 만들어진 것은 무엇인가요? ○ 하세요.

화석   지층   빙하

9

교과 융합

삼엽충 할아버지의 화석이 발견될 때까지의 과정을 간추린 것이에요. 빈칸에 알맞은 말을 글에서 찾아 쓰세요.

죽어서 바다 바닥에 가라앉음. ➡ 몸 위로 ☐☐☐ 이 쌓임.

➡ 퇴적물이 암석이 됨. ➡ 암석이 쌓여 ☐☐ 이 됨. ➡ 땅 위로 솟아오름.

➡ 물, 바람에 지층이 깎임. ➡ ☐☐☐ 할아버지의 화석이 발견됨.

교과 연계
과학 4-1
3단원
식물의 한살이

12 | 강낭콩 키우기
안내문

공부한 날
○ 월 □ 일

정답 및 해설 146쪽

어휘로
만나기

1 바른 문장이 되도록 선으로 연결하세요.

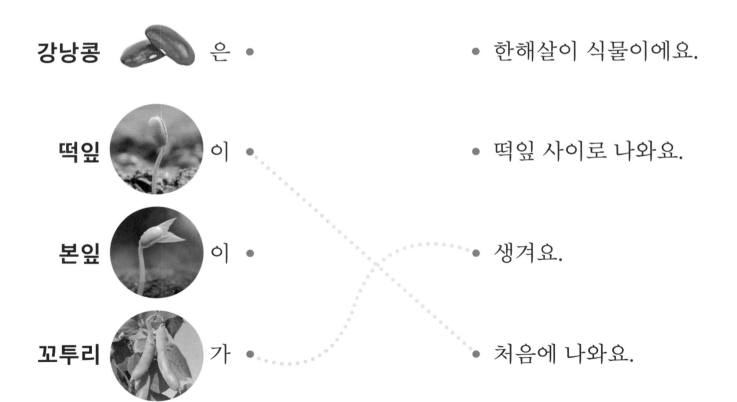

강낭콩 은 •

떡잎 이 •

본잎 이 •

꼬투리 가 •

• 한해살이 식물이에요.

• 떡잎 사이로 나와요.

• 생겨요.

• 처음에 나와요.

2 [보기]처럼 바른 문장이 되도록 알맞은 말을 골라 빈칸에 쓰세요.

삼엽충 | 강낭콩

> **한살이**는 동물이나 식물이 태어나서 성장하여 자손을 남기고 죽을 때까지의 과정을 말해요.

[보기] 강낭콩 은 한살이가 한 해 동안 이루어지는 한해살이 식물이에요.

떡잎 | 꽃잎

씨앗에서 처음 나오는 잎인, ⬛ 이 나와요.

화석 | 본잎

떡잎 사이로 ⬛ 이 나오고, 점점 커져요.

꼬투리 | 뿌리

꽃이 지고, 강낭콩이 들어 있는 가늘고 긴 ⬛ 가 생겨요.

짧은 글로
만나기

강낭콩은 한살이가 한 해 동안 이루어지는 한해살이 식물이에요. 봄에 심으면 싹이 터서 자라다가, 꽃이 핀 후 열매를 맺고 일생을 마쳐요.

▶ 강낭콩 키우는 방법

- 싹 틔우기 : 강낭콩에서 **떡잎**이 두 장 나와요. 떡잎은 씨앗에서 처음으로 나오는 잎이에요.

3 떡잎이란 무엇인가요? ○ 하세요.

씨앗에서 처음으로 나오는 잎

떡을 만드는 잎

4 강낭콩처럼 한살이가 한 해 동안 이루어지는 식물을 무엇이라고 하나요? 답을 쓰세요.

→ ☐ ☐ ☐ ☐ 식물

▶ 강낭콩 키우는 방법

• 싹 틔우기 : 떡잎 사이로 **본잎**이 나와요. 점점 떡잎은 시들고 본잎이 커져요.

• 열매 수확하기 : 꽃이 지고, 가늘고 긴 **꼬투리**가 생겨요. 다 자란 꼬투리를 수확하면, 강낭콩이 들어 있어요.

↪ **수확**은 익은 농작물을 거두어들이는 것을 말해요.

5 떡잎이 나온 다음, 떡잎 사이로 무엇이 나오나요? ○하세요.

> 뿌리

> 본잎 　　 꼬투리

6 꼬투리를 수확하면 무엇이 들어 있나요? 답을 쓰세요.

> 떡잎 ｜ 강낭콩

> →

안내문

강낭콩 키우기

긴글로
만나기

▶ **강낭콩의 특징**

　강낭콩은 한살이가 한 해 동안 이루어지는 한해살이 식물이에요. 봄에 씨앗을 심으면, 싹이 터서 자라고 꽃이 핀 후, 여름쯤 열매를 맺어 씨앗을 만들고 일생을 마쳐요. 강낭콩이 잘 자라려면, 적당한 양의 물과 햇빛, 알맞은 온도가 필요해요.

▶ **키우는 방법**

① **씨앗 심기** : 화분에 흙을 담고 씨앗을 놓은 후, 흙을 조금 더 덮어요. 물을 주고, 햇빛이 잘 드는 곳에 화분을 두어요. 2~3일에 한 번 정도 물을 주어요.

② **싹 틔우기** : 강낭콩에서 떡잎이 두 장 나와요. 떡잎은 씨앗에서 처음으로 나오는 잎이에요. 그다음 떡잎 사이로 본잎이 나와요. 점점 떡잎은 시들고 본잎이 커져요.

③ **꽃 피우기** : 잎과 줄기가 튼튼하게 자라면, 꽃이 피어요. 강낭콩의 꽃은 크기가 작고, 흰색이나 자주색을 띠어요.

④ **열매 수확하기** : 꽃이 지고, 가늘고 긴 꼬투리가 생겨요. 강낭콩의 열매가 맺힌 것이지요. 다 자란 꼬투리를 수확하면, 검붉은 빛의 강낭콩이 들어 있어요.

7 강낭콩의 한살이에서 볼 수 <u>없는</u> 것은 무엇인가요? X 하세요.

떡잎

꼬투리

콩나물

8 강낭콩의 꽃으로 알맞은 것은 무엇인가요? ○하세요.

9 강낭콩이 잘 자라려면 무엇이 필요한가요? 빈칸에 알맞은 말을 글에서 찾아 쓰세요.

적당한 양의 [   ]과 햇빛, 알맞은 [   ]가 필요합니다.

10 다음은 강낭콩의 한살이 과정이에요. 빈칸에 알맞은 말을 글에서 찾아 쓰세요.

봄에 [   ]을 심으면, [   ]쯤 열매를 맺어 [   ]을 만듭니다.

교과 연계
과학 4-1
4단원
물체의 무게

13 | **최고의 저울은 나야, 나!**
동화

공부한 날

월   일

정답 및 해설 148쪽

어휘로
만나기

1 바른 문장이 되도록 선으로 연결하세요.

> **측정**은 길이, 무게, 시간, 온도 등을 재는 것을 말해요.

저울 로 •

• 물체의 무게를 측정해요.

용수철저울  은 •

• 화면에 숫자로
물체의 무게를 보여 줘요.

양팔저울  은 •

• 양쪽 접시에 물체를
올려놓고 무게를 재요.

전자저울 은 •

• 용수철에 물체를 매달아
무게를 재요.

2 [보기]처럼 바른 문장이 되도록 알맞은 말을 골라 빈칸에 쓰세요.

[보기]   저울 | 줄자

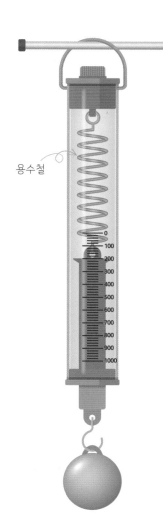

| 저울 |

로 물체의 무게를 측정해요.

전자저울 | 용수철저울

은 용수철 아래에 물체를 매달아 무게를 재요.

용수철은 늘었다 줄었다 하는 빙빙 꼬인 모양의 쇠줄을 말해요.

용수철

용수철저울 | 양팔저울

은 양쪽 접시에 물체를 올려놓고 무게를 재요.

전자저울 | 양팔저울

은 물체를 올려놓으면,

화면에 숫자로 무게를 보여 줘요.

짧은 글로
만나기

"우리 **저울**들은 물체의 무게를 측정해 줘. 우리가 없으면, 어떤 사과가

가장 무거운지 정확히 알 수 없을걸."

그러자 **용수철저울**이 용수철을 쭉쭉, 잘난 체하며 나섰어요.

"에헴, 나 용수철저울로 말할 것 같으면, 늘었다 줄었다 하는 멋진 용수

철 아래에 물체를 매달아 무게를 재지."

3 저울은 무엇을 측정해 주나요? ○ 하세요.

> 길이

> 무게　　온도

4 용수철저울은 어떻게 물체의 무게를 재나요? 답을
쓰세요.

용수철에 매달아서　|　접시에 올려놓아서

> →

양팔저울도 두 팔을 휘저으며 목소리를 높였지요.

"흥, 나는 양쪽 접시에 물체를 올려놓으면, 더 무거운 쪽으로 바로 기울

어서 무엇이 무거운지 즉시 알려 주지!"

다음 날, 가게에 온 꼬마 돼지가 **전자저울**을 골랐어요.

"이 저울은 화면에 숫자로 물체의 무게를 알려 줘서 편리해."

5 양팔저울은 양쪽 접시에 물체를 올려놓으면, 어느 쪽으로 바로 기우나요? ○ 하세요.

```
┌ ─ ─ ─ ─ ─ ─ ─ ─ ─ ┐
    더 가벼운 쪽
└ ─ ─ ─ ─ ─ ─ ─ ─ ─ ┘
```

```
        ┌ ─ ─ ─ ─ ─ ─ ─ ─ ─ ┐
            더 무거운 쪽
        └ ─ ─ ─ ─ ─ ─ ─ ─ ─ ┘
```

6 가게에서 전자저울을 고른 것은 누구인가요? 답을 쓰세요.

동화

최고의 저울은 나야, 나!

깊은 밤, 저울 가게에서 전자저울이 친구들과 이야기를 나누고 있었어요.

"우리 저울들은 물체의 무게를 측정해 줘. 우리가 없으면, 어떤 사과가 가장 무거운지, 코끼리의 무게는 얼마인지 정확히 알 수 없을걸. 우리는 정말 소중해."

그러자 용수철저울이 용수철을 쭉쭉, 잘난 체하며 나섰어요.

"에헴, 그중에서도 나 용수철저울로 말할 것 같으면, 늘었다 줄었다 하는 멋진 용수철 아래에 물체를 매달아 무게를 재지. 용수철이 많이 늘어날수록 무거운 물체라는 것을 알려 주는 최고의 저울이라고나 할까?"

양팔저울도 두 팔을 휘저으며 목소리를 높였지요.

"흥, 나는 물체를 올려놓을 수 있는 접시가 두 개나 있다고. 양쪽 접시에 물체를 올려놓으면, 더 무거운 쪽으로 바로 기울어서 무엇이 무거운지 즉시 알려 주지!"

전자저울만 말이 없었어요. 자신의 좋은 점이 무엇인지 알 수 없었거든요.

다음 날, 가게에 온 꼬마 돼지가 전자저울을 골랐어요.

"이 저울은 물체를 올려놓으면, 화면에 숫자로 물체의 무게를 알려 줘서 편리해."

그제야 전자저울은 방긋 웃었어요. 이번에는 다른 두 저울이 말이 없었답니다.

7 이 이야기에 등장하지 <u>않은</u> 물건은 무엇인가요? X 하세요.

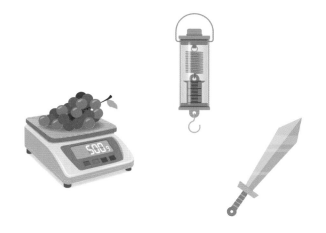

8 다음 상황에서는 어떤 저울이 필요할까요? ○ 하세요.

> 호준 : 배와 사과 중 어떤 것이 더 무거운지 한 번만 무게를 재서 알고 싶어.

용수철저울	양팔저울	전자저울

9 용수철저울은 어떻게 무게를 재나요? 빈칸에 알맞은 말을 글에서 찾아 쓰세요.

늘었다 줄었다 하는 ☐☐☐ 아래에 물체를 매달아 무게를 측정합니다.

10 꼬마 돼지가 자기가 산 저울에 대해 말해요. 빈칸에 알맞은 말을 글에서 찾아 쓰세요.

"전자저울은 화면에 ☐☐ 로 물체의 ☐☐ 를 알려 줘."

14 **각도에 대해 알아요**
설명문

공부한 날

월   일

정답 및 해설 150쪽

어휘로
만나기

1 바른 문장이 되도록 선으로 연결하세요.

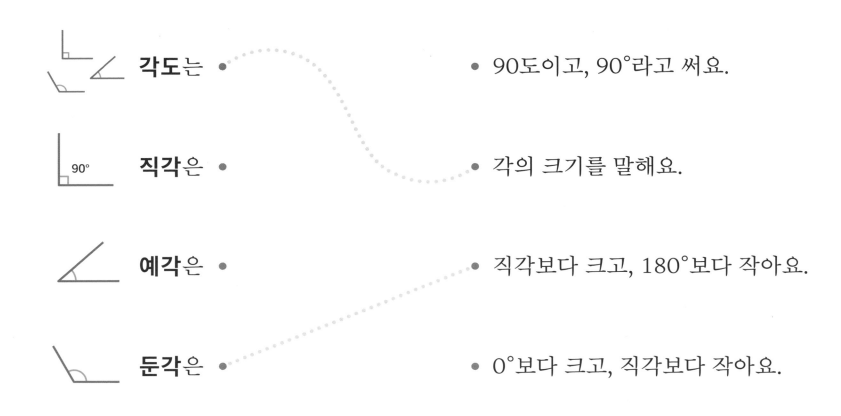

각도는 •   • 90도이고, 90°라고 써요.

직각은 •   • 각의 크기를 말해요.

예각은 •   • 직각보다 크고, 180°보다 작아요.

둔각은 •   • 0°보다 크고, 직각보다 작아요.

2 [보기]처럼 바른 문장이 되도록 알맞은 말을 골라 빈칸에 쓰세요.

그래프 | 각도

[보기] [각도] 는 각의 크기, 즉 각이 벌어진 정도를 말해요.

직각 | 각도

[　　　　] 의 크기는 90도이고, 90°라고 써요.

예각 | 둔각

[　　　　] 은 0°보다 크고, 직각보다 작은 각이에요. 0°

예각 | 둔각

[　　　　] 은 직각보다 크고, 180°보다 작은 각이에요. 180° - - - - - 0°

180°는 직선처럼 각이 완전히 펼쳐진 것이에요.

짧은 글로
만나기

각도란 각의 크기, 즉 각이 벌어진 정도를 말해요. 각도를 어떻게 읽고,
쓰는지 알아볼까요?

먼저 곧은 가로선과 곧은 세로선이 만나, 마치 글자 'ㄴ'처럼 이루는 각
을 **직각**이라고 해요. 직각의 크기는 90도이고, 90°라고 써요.

3 각도란 무엇을 말하나요? ○ 하세요.

각의 크기

각의 무게   각의 길이

4 직각의 크기는 얼마인가요? 답을 쓰세요.

1° │ 90°

→

직각을 똑같이 90으로 나눈 것 중 하나를 1도라고 하고, 1°라고 써요.

0°는 각이 없는 상태이고, 180°는 직선처럼 각이 완전히 펼쳐진 것이에요.

각도가 0°보다 크고, 직각보다 작은 각을 **예각**이라고 해요. 또 직각보다

크고, 180°보다 작은 각을 **둔각**이라고 하지요.

5 예각은 몇 도보다 크고, 직각보다 작은 각인가요? ○ 하세요.

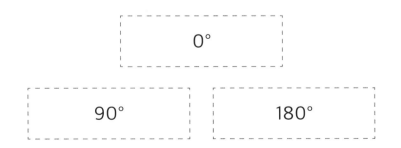

6 직각보다 크고, 180°보다 작은 각을 무엇이라고 하나요? 답을 쓰세요.

설명문

각도에 대해 알아요

긴글로
만나기

각도란 각의 크기, 즉 각이 벌어진 정도를 말해요. 각도를 어떻게 읽고, 쓰는지 알아볼까요?

먼저 곧은 가로선과 곧은 세로선이 만나, 마치 글자 'ㄴ'처럼 이루는 각을 직각이라고 해요. 직각의 크기는 90도이고, 90°라고 써요.

직각을 똑같이 90으로 나눈 것 중 하나를 1도라고 하고, 1°라고 써요. 0°는 각이 없는 상태이고, 180°는 직선처럼 각이 완전히 펼쳐진 것이에요.

각도가 0°보다 크고, 직각보다 작은 각을 예각이라고 해요. 또 직각보다 크고, 180°보다 작은 각을 둔각이라고 하지요.

주변의 사물을 살펴보세요. 그리고 사물에서 찾을 수 있는 각도에 대해 이야기해 보세요. 우리가 늘 보는 시계의 두 바늘 사이에서도, 놀이터에 있는 시소에서도 예각, 직각, 둔각 등 다양한 각도를 찾을 수 있어요. 재미있게 각도에 대해 익히는 것은 물론, 사물을 새로운 시각으로 볼 수 있을 거예요.

7 이 글은 무엇에 대해 설명하고 있나요? ○ 하세요.

큰 수

각도

도형

8 다음은 놀이터에 있는 시소의 모습이에요. 시소에 표시된 각의 크기는 몇 도일까요? ○ 하세요.

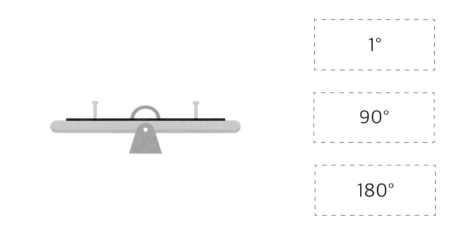

1°

90°

180°

9 시계의 두 바늘 사이에 표시된 각은 예각, 직각, 둔각 중 무엇인가요? 빈칸에 알맞은 말을 쓰세요.

 이 시계의 두 바늘이 이루는 각은  입니다.

 이 시계의 두 바늘이 이루는 각은  입니다.

 이 시계의 두 바늘이 이루는 각은  입니다.

정답과 해설 162쪽

★ 삼엽충 할아버지　이야기를 정리해요.　　● 빈칸에 알맞은 말을 [보기]에서 골라 쓰세요.

[보기]	화석	지층	퇴적물	삼엽충

 　삼엽충　 할아버지가 죽은 후, 바다 바닥으로 가라앉았어요.

 육지에서 물에 떠내려온 자갈, 모래, 진흙 등

　　　이 삼엽충 할아버지 위로 차곡차곡 쌓였어요.

 자갈, 모래, 진흙 등으로 이루어진 암석이 층층이 쌓여

　　　이 만들어졌어요.

 삼엽충 할아버지는 지층 속에서

　　　으로 발견되었어요.

★ 강낭콩 키우기 내용을 정리해요.

● 빈칸에 알맞은 말을 [보기]에서 골라 쓰세요.

| [보기] | 떡잎 | 꼬투리 | 강낭콩 | 본잎 |

┌────────┐
│   │ 키우기
└────────┘

❶ 씨앗 심기 : 화분에 씨앗을 심고, 2~3일에 한 번 정도 물 주기.

❷ 싹 틔우기 : 씨앗에서 처음 나오는 [   ] 이 두 장 나옴.

　　　　　　떡잎 사이로 [   ] 이 나옴.

❸ 꽃 피우기 : 잎과 줄기가 자라면 꽃이 핌.

❹ 열매 수확하기 : 꽃이 지고, 가늘고 긴 [   ] 가 생김.

　　　　　　다 자라면 강낭콩 수확.

★ **최고의 저울은 나야, 나!** 저울의 종류를 정리해요.　　　　　● 빈칸에 알맞은 말을 [보기]에서 골라 쓰세요.

| [보기] | 양팔저울 | 용수철저울 | 저울 | 전자저울 |

_____ **의 종류**

용수철에 물체를 매달아
무게를 재는 저울

양쪽 접시에 물체를 올려
놓고 무게를 재는 저울

화면에 숫자로 물체의
무게를 보여 주는 저울

★ 각도에 대해 알아요 질문에 답해요.

● 빈칸에 알맞은 말을 [보기]에서 골라 쓰세요.

[보기]	둔각	직각	각도	예각

수학 질문 게시판

질문 : _____ 란 무엇인가요?

↳ 답 : 각의 크기,
　　즉 각이 벌어진 정도를 말해요.

질문 : _____ 의 크기는 얼마인가요?

↳ 답 : 90도이고, 90°라고 써요.

질문 : _____ 이란 무엇인가요?

↳ 답 : 0°보다 크고,
　　직각보다 작은 각이에요.

질문 : _____ 이란 무엇인가요?

↳ 답 : 직각보다 크고,
　　180°보다 작은 각이에요.

여러 가지 모양의 지층

산기슭이나 강, 바닷가의 절벽에서 마치 샌드위치처럼 여러 겹의 층을 이룬 것을 본 적이 있나요? 이것을 지층이라고 해요. 지층은 자갈, 모래, 진흙 등이 쌓인 뒤에, 오랜 시간에 걸쳐 단단하게 굳어져 만들어진 암석이 층을 이루고 있는 것을 말해요. 지층은 여러 층으로 이루어져 있어서, 줄무늬가 보이며, 각 층의 두께나 색깔 등이 다르지요.

지층은 모양이 다양해요. 수평으로 나란히 쌓여 있는 지층, 휘어지거나 끊어진 지층 등이 있어요. 여러 가지 모양의 지층을 살펴볼까요?

▲ 수평인 지층

여러 층이 차곡차곡 쌓여 있어요.

▲ 휘어진 지층

지층이 물결처럼 휘어져 있어요.

▲ 끊어진 지층

지층이 끊어져 어긋나 있어요.

예체능

판본체를 소개해요

누나에게 보내는 편지

피터와 늑대

교과 융합 축구 경기를 보고

16 판본체를 소개해요
설명문

정답 및 해설 152쪽

어휘로
만나기

1

바른 문장이 되도록 선으로 연결하세요.

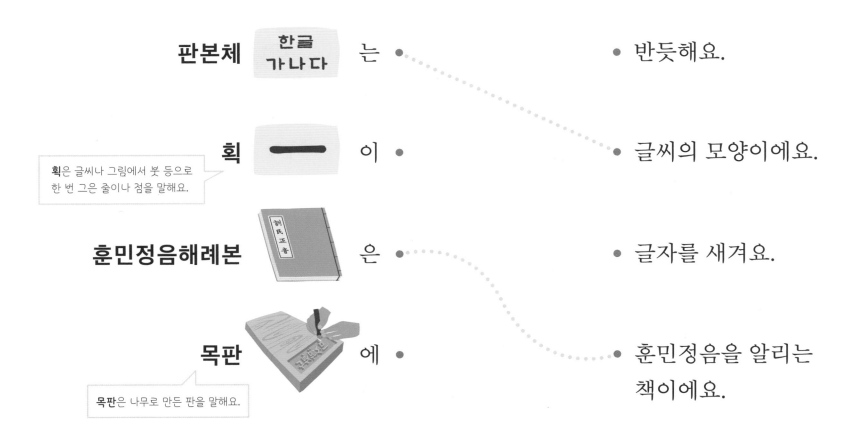

판본체 한글 가나다 는 • • 반듯해요.

획 ━ 이 •

획은 글씨나 그림에서 붓 등으로 한 번 그은 줄이나 점을 말해요.

• 글씨의 모양이에요.

훈민정음해례본 은 • • 글자를 새겨요.

목판 에 • • 훈민정음을 알리는 책이에요.

목판은 나무로 만든 판을 말해요.

2 [보기]처럼 바른 문장이 되도록 알맞은 말을 골라 빈칸에 쓰세요.

판본체 | 물체

[보기] 판본체 는 한글을 쓰는 글씨의 모양 중 하나예요.

획 | 붓

판본체는 의 굵기가 일정하고, 반듯해요.

국어사전 | 훈민정음해례본

『 』은 훈민정음을 알리기 위해 만든 책이에요.

철판 | 목판

나무로 만든 에 글자를 새겨요.

짧은 글로
만나기

판본체는 한글을 쓰는 글씨의 모양 중 하나예요.

판본체는 **획**의 굵기가 일정하고, 가로획과 세로획이 반듯해요. 또 글자는 네모난 모양이에요. 이러한 특징 때문에 약간 딱딱한 느낌을 주기도 하지요.

3 판본체는 한글을 쓰는 글씨의 무엇인가요? ○ 하세요.

크기

색

모양

4 판본체는 획의 굵기가 어떠한 것이 특징인가요? 답을 쓰세요.

일정해요. | 삐뚤빼뚤해요.

→

다음 글을 읽고, 질문에 답하세요. [5~6]

　　세종 대왕은 훈민정음을 알리기 위해 훈민정음을 만든 이유와 사용법을 적은 책인 『**훈민정음해례본**』을 만들었어요. 이 책을 만들 때 사용한 한글의 모양이 바로 판본체예요. **목판**에 판본체로 글자를 볼록하게 새기고, 그 위에 먹물을 묻혀 종이에 찍어서 『훈민정음해례본』을 만든 것이지요.

5 세종 대왕은 『훈민정음해례본』을 왜 만들었나요? ○하세요.

> 훈민정음을 알리기 위해

> 한문을 알리기 위해

6 목판에 글자를 새기고, 무엇을 묻혀 종이에 찍어서 책을 만들었나요? 답을 쓰세요.

→

설명문

판본체를 소개해요

사진의 '세종대왕' 글씨를 보세요. 글자에서 힘이 느껴지지 않나요? 반듯반듯한 이 글씨체는 한글을 쓰는 글씨의 모양 중 하나인 판본체라고 해요.

판본체는 획의 굵기가 일정하고, 가로획과 세로획이 반듯해요. 또 글자는 네모난 모양이에요. 이러한 특징 때문에 약간 딱딱한 느낌을 주기도 하지요.

세종 대왕은 훈민정음을 알리기 위해 훈민정음을 만든 이유와 사용법을 적은 책인 『훈민정음해례본』을 만들었어요. 이 책을 만들 때 사용한 한글의 모양이 바로 판본체예요. 목판에 판본체로 글자를 볼록하게 새기고, 그 위에 먹물을 묻혀 종이에 찍어서 『훈민정음해례본』을 만든 것이지요.

종이, 붓, 먹, 벼루 등을 준비해 판본체의 특징을 살려 붓글씨를 써 보아요. 한 획, 한 획 정성스럽게 써 보면, 판본체의 특징을 더 잘 느낄 수 있을 거예요.

7 이 글은 무엇을 설명하기 위해 쓴 글인가요? ○ 하세요.

먹

판본체

한글

8 다음은 친구들이 쓴 붓글씨예요. 판본체의 특징을 잘 살려 쓴 친구는 누구인가요? ○ 하세요.

윤아

지혜

송연

9 판본체에 대한 설명이에요. 빈칸에 알맞은 말을 글에서 찾아 쓰세요.

☐ 의 굵기가 일정하고, 글자가 ☐ ☐ 난 모양입니다.

10 어떤 책을 만들 때 판본체를 사용하였나요? 빈칸에 알맞은 말을 글에서 찾아 쓰세요.

훈민정음을 알리기 위한 책인 『 ☐ 』을 만들 때 사용되었습니다.

17 | 누나에게 보내는 편지
편지글

공부한 날

○ 월 ☐ 일

정답 및 해설 154쪽

어휘로
만나기

1 바른 문장이 되도록 선으로 연결하세요.

 **풍물놀이**는 •┄┄┄┄┄┄┄• 우리나라의 민속 문화예요.

 **상쇠**는 • • 나팔 모양으로 된
전통 악기예요.

 **태평소**는 • • 풍물놀이를
이끄는 사람이에요.

 **상모**는 • • 긴 종이 등을 붙인 모자예요.

2 [보기]처럼 바른 문장이 되도록 알맞은 말을 골라 빈칸에 쓰세요.

판소리 │ 풍물놀이

[보기] **풍물놀이** 는 축제나 농사일을 할 때 연주하던 우리나라의 민속 문화예요.

상모 │ 상쇠

　　　　　　 는 꽹과리를 치면서 풍물놀이를 이끄는 사람이에요.

태평소 │ 리코더

　　　　　　 는 나팔 모양으로 된 전통 악기로, 불어서 소리를 내요.

상모 │ 상쇠

　　　　　　 는 꼭대기에 긴 종이나 털 등을 붙인 모자로,

머리에 쓰고 돌리며 춤을 춰요.

짧은 글로
만나기

[지훈이의 편지]

풍물놀이는 옛날부터 마을의 축제나 농사일을 할 때 연주하던 우리나라의 민속 문화야. 꽹과리, 북, 장구, 태평소 등 다양한 악기를 연주하지.

풍물놀이는 **상쇠**를 중심으로 공연을 해. 상쇠는 꽹과리를 치면서 풍물놀이 전체를 이끄는 사람이야.

3 풍물놀이는 언제 연주하나요? 모두 ○하세요.(2개)

> 마을 축제 때

> 농사일을 할 때   이사 갈 때

4 상쇠는 어떤 악기를 연주하나요? 답을 쓰세요.

> 꽹과리 │ 북

> →

🔊 태평소 소리

[지훈이의 편지]

태평소는 나팔 모양으로 된 우리나라의 전통 악기인데, 불어서 소리를 내. 리코더처럼 손가락으로 구멍을 막았다 떼며 여러 가지 음을 내지.

또 상모돌리기도 매우 멋져. **상모**는 꼭대기에 긴 종이나 털 등을 붙인 모자인데, 상모돌리기는 이 상모를 머리에 쓰고 돌리며 추는 춤이야.

5 태평소에 대한 설명으로 알맞은 것은 무엇인가요? ○ 하세요.

┌──────────────────────┐
│ 한 음만 낼 수 있어요.   │
└──────────────────────┘

┌──────────────────────────┐
│ 여러 가지 음을 낼 수 있어요.   │
└──────────────────────────┘

6 꼭대기에 긴 종이나 털 등을 붙인 모자는 무엇인가요? 답을 쓰세요.

→

편지글

누나에게 보내는 편지

긴 글로 만나기

미국에 사는 린다 누나에게

린다 누나, 안녕? 잘 지내지? 오늘은 '풍물놀이'에 대해 알려 주려고 편지를 써.

풍물놀이는 옛날부터 마을의 축제나 농사일을 할 때 연주하던 우리나라의 민속 문화야. 야외에서 꽹과리, 북, 장구, 징, 태평소, 소고 등 다양한 악기를 연주하지.

풍물놀이는 상쇠를 중심으로 공연을 해. 상쇠는 꽹과리를 치면서 풍물놀이 전체를 이끄는 사람이야. 연주의 빠르기도 조절하고, 공연의 흥을 돋우기도 해.

나는 풍물놀이에서 태평소 소리를 정말 좋아해. 태평소는 나팔 모양으로 된 우리나라의 전통 악기인데, 불어서 소리를 내. 리코더처럼 손가락으로 구멍을 막았다 떼며 여러 가지 음을 내지. 누나에게 아름다운 태평소 소리를 꼭 들려주고 싶어.

또 상모돌리기도 매우 멋져. 상모는 꼭대기에 긴 종이나 털 등을 붙인 모자인데, 상모돌리기는 이 상모를 머리에 쓰고 돌리며 추는 춤이야. 고개를 이리저리 움직일 때마다 긴 끈이 펄럭이며 자유로운 선을 그리지.

다음에 누나가 한국에 오면 꼭 같이 풍물놀이 공연을 보러 가자. 그럼, 안녕.

20○○년 ○월 ○일

한국에서 지훈이가

7 이 편지는 어디에 사는 누나에게 보내는 것인가요? ○ 하세요.

미국

캐나다

프랑스

8 지훈이가 린다 누나에게 풍물놀이가 그려진 엽서를 함께 보냈어요. 지훈이가 보낸 엽서로 알맞은 것에 ○ 하세요.

9 이 글에 대한 설명이에요. 빈칸에 알맞은 말을 글에서 찾아 쓰세요.

에 대해 알려 주기 위해 쓴 입니다.

10 린다 누나가 한국에 놀러 와서 풍물놀이를 보고, 느낀 점을 말해요. 빈칸에 알맞은 말을 글에서 찾아 쓰세요.

"고개를 움직여 긴 끈을 펄럭이며 추는 가 정말 멋져!"

18 | 피터와 늑대

안내문

공부한 날

월 일

정답 및 해설 156쪽

어휘로
만나기

1

바른 문장이 되도록 선으로 연결하세요.

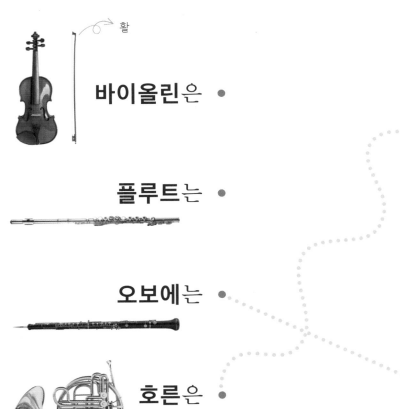

활

바이올린은 •

플루트는 •

오보에는 •

호른은 •

• 둥글게 감긴 관을 불어요.

• 줄을 활로 문질러요.

• 옆으로 쥐고 불어요.

• 앞으로 쥐고 불어요.

2 [보기]처럼 바른 문장이 되도록 알맞은 말을 골라 빈칸에 쓰세요.

바이올린 ㅣ 탬버린

[보기] 바이올린 은 몸통에 있는 네 개의 줄을 활로 문질러서 소리를 내요.

피아노 ㅣ 플루트

는 옆으로 쥐고 불어서 소리를 내요.

오보에 ㅣ 캐스터네츠

는 앞으로 쥐고 불어서 소리를 내요.

드럼 ㅣ 호른

은 긴 관이 둥글게 감겨 있고, 불어서 소리를 내요.

짧은 글로
만나기

〈피터와 늑대〉는 음악 동화로, 등장인물들을 악기로 표현했습니다.

주인공 피터는 **바이올린** 등으로 표현했습니다. 바이올린은 몸통에 있는

네 개의 줄을 활로 문질러서 소리를 냅니다.

새가 지저귀는 소리는 **플루트**로 표현했습니다. 플루트는 옆으로 쥐고 불

어서 소리를 내는 악기로, 맑은 소리가 납니다.

3 주인공인 피터는 어떤 악기로 표현하였나요? ○ 하세요.

피아노

드럼   바이올린

4 플루트는 어떻게 연주하나요? 답을 쓰세요.

옆으로 쥐고 불어서 | 줄을 활로 문질러서

→

〈피터와 늑대〉는 음악 동화로, 등장인물들을 악기로 표현했습니다.

오리는 **오보에**로 표현했습니다. 오보에는 가늘고 길게 생겼고, 앞으로 쥐고 불어서 소리를 냅니다.

늑대는 **호른**으로 표현했습니다. 호른은 긴 관이 둥글게 감겨 있고, 끝부분은 활짝 핀 나팔꽃처럼 생겼습니다. 불어서 소리를 냅니다.

5 오리를 표현한 오보에는 어떻게 생겼나요? ○ 하세요.

긴 관이 둥글게 감겨 있어요.

가늘고 길게 생겼어요.

6 늑대는 어떤 악기로 표현하였나요? 답을 쓰세요.

안내문

피터와 늑대

오늘 감상할 작품인 〈피터와 늑대〉를 소개하겠습니다. 〈피터와 늑대〉는 어린이를 위해 만든 음악 동화입니다. 이 작품은 다양한 등장인물들을 그에 알맞은 악기들로 실감 나게 표현한 것이 특징입니다. 작품의 줄거리는 다음과 같습니다.

주인공인 피터는 이른 아침 숲에 갔습니다. 작은 새가 지저귀고, 오리는 연못에서 헤엄쳤습니다. 잠시 후, 늑대가 나타나 오리를 단숨에 잡아먹었습니다. 피터는 작은 새에게 늑대의 관심을 끌게 하고, 밧줄을 던져 늑대를 잡았습니다.

이 작품에서 주인공 피터는 바이올린 등의 현악기로 표현했습니다. 현악기는 줄이 있는 악기를 말합니다. 바이올린은 몸통에 있는 네 개의 줄을 활로 문질러서 소리를 냅니다. 새가 지저귀는 소리는 플루트로 표현했습니다. 플루트는 옆으로 쥐고 불어서 소리를 내는 악기로, 맑은 소리가 납니다. 오리는 오보에로 표현했습니다. 오보에는 가늘고 길게 생겼고, 앞으로 쥐고 불어서 소리를 냅니다. 늑대는 호른으로 표현했습니다. 호른은 긴 관이 둥글게 감겨 있고, 끝부분은 활짝 핀 나팔꽃처럼 생겼습니다. 불어서 소리를 내는데, 플루트나 오보에보다 묵직한 소리가 납니다.

등장인물의 특징을 잘 표현한 악기에 집중하며, 작품을 감상해 보세요.

7 〈피터와 늑대〉는 누구를 위해 만든 음악 동화인가요? ○ 하세요.

어른

동물   어린이

8 〈피터와 늑대〉는 다양한 악기로 연주해요. 작품에 사용되지 <u>않는</u> 악기에 X 하세요.

호른

소고

바이올린

9 〈피터와 늑대〉의 줄거리를 정리했어요. 빈칸에 알맞은 말을 글에서 찾아 쓰세요.

주인공 [   ]는 이른 아침 [   ]에 갔습니다.

그런데 [   ]가 나타나 [   ]를 잡아먹었습니다.

피터가 [   ]을 던져 늑대를 잡았습니다.

교과 융합

체육 4
3단원 경쟁

도덕 4
4단원
힘과 마음을 모아서

19 | 축구 경기를 보고
일기

공부한 날

○ 월 □ 일

정답 및 해설 158쪽

어휘로
만나기

1 바른 문장이 되도록 선으로 연결하세요.

골대 앞을   잡아당기며   주장이   상대 팀과

격려는 용기나 의욕
이 생기도록 힘을
주는 것을 말해요.

격려하다.   **수비하다.**   **반칙하다.**   **경쟁하다.**

경쟁은 같은 목적에 대해 이기려고
서로 겨루는 것을 말해요.

2 [보기]처럼 바른 문장이 되도록 알맞은 말을 골라 빈칸에 쓰세요.

수비했다 ㅣ 열었다

[보기]　상대 팀이 공을 넣지 못하게 골대 앞을 　수비했다　.

허름했다 ㅣ 반칙했다

우리 팀 선수들을 손으로 잡아당기며 ⬚ .

격려했다 ㅣ 감추었다

주장이 다른 선수들이 힘을 내도록 ⬚ .

도망가다 ㅣ 경쟁하다

상대 팀과 이기기 위해 서로 ⬚ .

짧은 글로
만나기

오늘은 삼촌과 함께 축구 경기를 보고 왔다. 강한 팀과 맞붙은 우리 팀 선수들은 똘똘 뭉쳐서 상대 팀이 공을 넣지 못하게 골대 앞을 **수비했다**.

수비를 뚫지 못하자, 상대 팀의 공격이 점점 거칠어졌다. 우리 팀 선수들을 손으로 잡아당기며 **반칙했다**.

3 우리 팀 선수들은 상대 팀이 공을 넣지 못하게 어디를 수비하였나요? ○ 하세요.

골대 뒤

골대 앞   경기장 입구

4 축구 경기 중 손으로 잡아당기는 등 규칙을 어기는 것을 무엇이라고 하나요? 답을 쓰세요.

→

우리 팀 선수들이 기운을 잃어 가는 것 같았다. 그때, 주장이 다른 선수들이 힘을 내도록 **격려했다**.

경기가 끝난 후, 우리 팀 주장이 인터뷰를 했다.

"이기기 위해 상대 팀과 서로 **경쟁할** 때에도, 정정당당하게 경기해야 한다는 것을 배웠습니다."

'**정정당당하다**'는 태도나 방법이 올바르고 떳떳한 것을 말해요.

5 우리 팀 주장이 기운을 잃어 가는 선수들에게 뭐라고 격려하였을까요? ○ 하세요.

"너희 정말 못하는구나."

"잘하고 있어. 조금만 힘내자."

6 주장은 인터뷰에서 무엇을 위해 상대 팀과 서로 경쟁했다고 하였나요? 답을 쓰세요.

이기기 위해 | 지기 위해

→

일기

긴 글로
만나기

제목	축구 경기를 보고	학년/반/이름	4학년 3반 이홍민
날짜	20○○년 6월 ○일 토요일	날씨	맑음

오늘은 삼촌과 함께 축구 경기를 보고 왔다. 강한 팀과 맞붙은 우리 팀 선수들은 똘똘 뭉쳐서 상대 팀이 공을 넣지 못하게 골대 앞을 수비했다.

수비를 뚫지 못하자, 상대 팀의 공격이 점점 거칠어졌다. 우리 팀 선수들을 손으로 잡아당기며 반칙했다. 그러나 심판은 보지 못했는지 경기를 계속 진행시켰다.

우리 팀 선수들이 기운을 잃어 가는 것 같았다. 그때, 주장이 다른 선수들이 힘을 내도록 격려했다. 잘하고 있다고, 힘내자고 외쳤다. 그러자 분위기가 점점 살아났다.

우리 팀 선수가 상대 팀의 공을 빼앗아 주장에게 패스했다. 주장은 다른 선수들과 협동하여 공을 주고받으며 상대 팀의 골대로 달려갔다. 그리고 멋지게 슛! 골인!

경기가 끝난 후, 주장이 인터뷰를 했다.

"오늘 우리는 강한 팀과 맞붙었지만, 우리 팀 선수들끼리 서로 협동하여 승리했습니다. 무엇보다 이기기 위해 상대 팀과 서로 경쟁할 때에도, 반칙을 하지 않고 정정당당하게 경기해야 한다는 것을 배웠습니다."

상대 팀 선수들은 부끄러운지 고개를 푹 숙였다. 우리 팀이 정말 자랑스러웠다.

7 이 글에서 알 수 <u>없는</u> 것은 무엇인가요? X 하세요.

일기를 쓴 날짜

일기를 쓴 날의 날씨

축구 경기 입장료

8 협동은 서로 힘을 모으는 것이에요. 선수들이 협동한 모습으로 알맞은 것에 모두 ○ 하세요.(2개)

똘똘 뭉쳐서 골대 앞을 수비했어요.

수비를 뚫지 못하자, 상대 팀 선수를 손으로 잡아당겼어요.

서로 공을 주고받으며 달려가서 골을 넣었어요.

9 주장은 경기 후에 한 인터뷰에서 무엇을 배웠다고 하였나요? 빈칸에 알맞은 말을 글에서 찾아 쓰세요.

경쟁을 할 때에도, 반칙을 하지 않고 [   ] 하게 경기해야 합니다.

10 오늘 흥민이는 무엇을 하였나요? 빈칸에 알맞은 말을 글에서 찾아 쓰세요.

삼촌과 함께 [ ][ ] [ ][ ] 를 보고 왔습니다.

★ **판본체를 소개해요**   내용을 요약해요.   ● 빈칸에 알맞은 말을 [보기]에서 골라 쓰세요.

[보기]	획	목판	판본체	훈민정음해례본

판본체 는 한글을 쓰는 글씨의 모양 중 하나예요.

의 굵기가 일정하고, 반듯해요.

훈민정음을 알리기 위한 책인

『   』 ★ 을 만들 때 사용했어요.

★ 이 책은   에 글자를 볼록하게 새기고,

먹물을 묻혀 종이에 찍어서 만들었어요.

★ 누나에게 보내는 편지 풍물놀이를 소개해요.   ● 빈칸에 알맞은 말을 [보기]에서 골라 쓰세요.

[보기]	태평소	풍물놀이	상모	상쇠

주제	우리의 소중한 전통문화, [　　　　]
내용	• 옛날부터 마을의 축제나 농사일을 할 때 연주하던 우리나라의 민속 문화임. • 꽹과리, 북, 장구, 징, 태평소, 소고 등 여러 가지 악기를 연주함. • [　　　　] 가 꽹과리를 치면서 전체를 이끎. • 꼭대기에 긴 종이 등을 붙인 모자인 [　　　　] 를 쓰고, 돌리며 춤을 춤.
느낌	나팔 모양으로 된, 우리나라의 전통 악기인 [　　　　] 의 소리가 참 아름다움.

★ **피터와 늑대** 악기를 소개해요.

● 빈칸에 알맞은 말을 [보기]에서 골라 쓰세요.

[보기]	호른	플루트	바이올린	오보에

몸통에 있는 네 개의 줄을
활로 문질러서 소리를 내요.

옆으로 쥐고 불어서 소리를 내며,
맑은 소리가 나요.

가늘고 길게 생겼고,
앞으로 쥐고 불어서 소리를 내요.

긴 관이 둥글게 감겨 있고,
끝부분은 나팔꽃처럼 생겼어요.
불어서 소리를 내요.

★ 축구 경기를 보고 일이 일어난 순서대로 정리해요. ● 빈칸에 알맞은 말을 [보기]에서 골라 쓰세요.

[보기]	반칙해요	경쟁해요	수비해요	격려해요

❶ 우리 팀과 상대 팀이 이기기 위해 서로 경쟁해요 .

❷ 상대 팀이 공을 넣지 못하게 골대 앞을 .

❸ 골대 앞을 뚫지 못하자, 상대 팀이 손으로 잡아당기며 .

❹ 우리 팀 주장이 힘을 내라고 선수들을 .

❺ 정정당당하게 시합을 한 우리 팀이 경기에서 승리해요.

여러 가지 악기

〈피터와 늑대〉에는 바이올린, 플루트, 오보에, 호른 등 다양한 악기가 나와요. 이러한 악기는 연주 방법에 따라 분류할 수 있어요.

현악기

줄(현)을 문지르거나 튕겨서 소리를 내는 악기를 말해요.
바이올린과 첼로, 가야금과 거문고 등이 현악기예요.

관악기

둥근 관을 입으로 불어서 소리를 내는 악기를 말해요.
플루트, 오보에, 호른 그리고 태평소 등이 관악기예요.

타악기

두드려서 소리를 내는 악기를 말해요.
북, 탬버린, 장구처럼 음을 정확히 낼 수 없는 것도 있고, 실로폰처럼 음을 낼 수 있는 것도 있어요.

정답과 해설

01. 설문대할망 / 8~13쪽

설문대할망은 제주도 고유의 옷인 '갈옷'을 입은 모습으로 묘사했어요.

〈전래 동화〉

전래 동화는 옛날부터 전해 내려오는 이야기를 말해요. 사람들의 입에서 입으로 전해지다가 글로 쓰여서, 이야기마다 조금씩 다른 점이 있기도 해요.

➕ 더 알아보기

설문대할망

〈설문대할망〉은 제주도에서 전해 내려오는 이야기예요. 아주 오랜 옛날, 제주도에 어마어마하게 크고 힘이 센 설문대할망이 살았는데, 이 할머니가 제주도와 한라산을 만들었어요. 어느 날 할머니는 한라산 끝이 너무 뾰족한 것 같아서, 봉우리를 똑 떼어 내어 던졌어요. 한라산 꼭대기는 움푹 파여 백록담이 생겼고, 던진 봉우리는 산방산이 되었지요. 이렇게 〈설문대할망〉에는 제주도의 여러 장소에 관한 재미있는 이야기가 들어 있어요. 〈설문대할망〉에 대해 더 알아보고, 다음에 제주도에 가면 관련된 장소를 여행해 보세요.

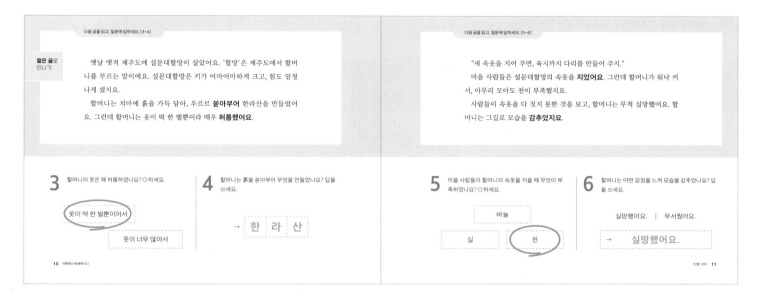

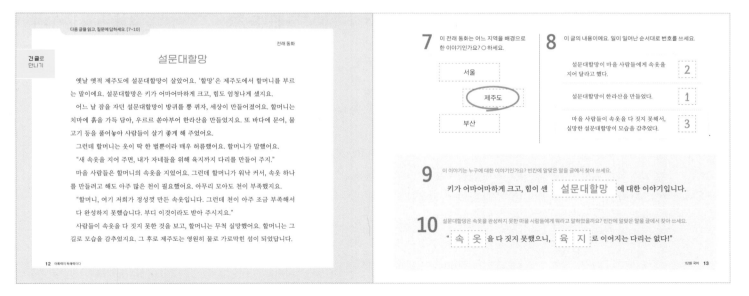

정답과 해설 **129**

02. 4학년 2반의 학급 회의 / 14~19쪽

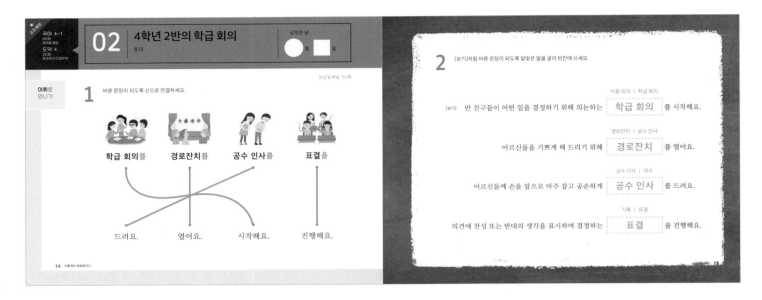

 <토의>

토의는 어떤 문제에 대해 검토하고 의논하는 것을 말해요. 이 글은 학급 회의 시간에 토의한 내용이에요.

 더 알아보기

학급 회의의 진행 순서

❶ **개회** : 회의의 시작을 알려요.

❷ **주제 선정** : 회의 주제를 정해요.

❸ **주제 토의** : 선정한 주제에 맞는 의견을 제시해요.

❹ **표결** : 찬성과 반대 의견을 살펴보고, 다수결로 결과를 정해요.

❺ **결과 발표** : 결정한 의견을 발표해요.

❻ **폐회** : 회의의 마침을 알려요.

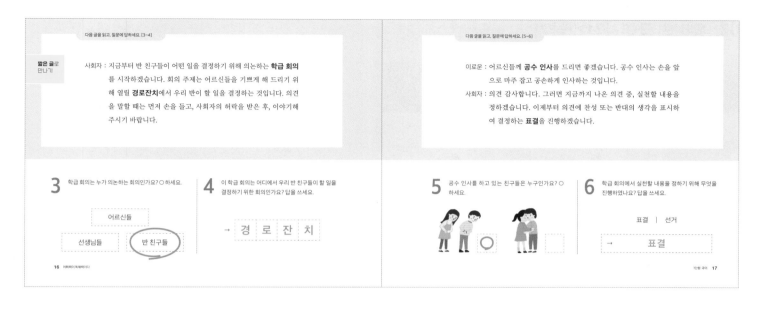

짧은 글로
만나기

사회자 : 지금부터 반 친구들이 어떤 일을 결정하기 위해 의논하는 **학급 회의**를 시작하겠습니다. 회의 주제는 어르신들을 기쁘게 해 드리기 위해 열릴 **경로잔치**에서 우리 반이 할 일을 결정하는 것입니다. 의견을 말할 때는 먼저 손을 들고, 사회자의 허락을 받은 후, 이야기해 주시기 바랍니다.

3 학급 회의는 누가 의논하는 회의인가요? ○하세요.

어르신들

선생님들   반 친구들

4 이 학급 회의는 어디에서 우리 반 친구들이 할 일을 결정하기 위한 회의인가요? 답을 쓰세요.

→ | 경 | 로 | 잔 | 치 |

16 어휘력이 독해력이다

이로운 : 어르신들께 **공수 인사**를 드리면 좋겠습니다. 공수 인사는 손을 앞으로 마주 잡고 공손하게 인사하는 것입니다.

사회자 : 의견 감사합니다. 그러면 지금까지 나온 의견 중, 실천할 내용을 정하겠습니다. 이제부터 의견에 찬성 또는 반대의 생각을 표시하여 결정하는 **표결**을 진행하겠습니다.

5 공수 인사를 하고 있는 친구들은 누구인가요? ○하세요.

6 학급 회의에서 실천할 내용을 정하기 위해 무엇을 진행하였나요? 답을 쓰세요.

표결 | 선거

→ | 표 결 |

1단원 국어 17

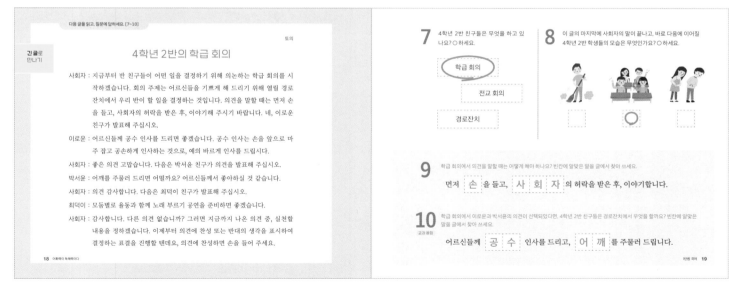

토의

긴 글로
만나기

4학년 2반의 학급 회의

사회자 : 지금부터 반 친구들이 어떤 일을 결정하기 위해 의논하는 학급 회의를 시작하겠습니다. 회의 주제는 어르신들을 기쁘게 해 드리기 위해 열릴 경로잔치에서 우리 반이 할 일을 결정하는 것입니다. 의견을 말할 때는 먼저 손을 들고, 사회자의 허락을 받은 후, 이야기해 주시기 바랍니다. 네, 이로운 친구가 발표해 주십시오.

이로운 : 어르신들께 공수 인사를 드리면 좋겠습니다. 공수 인사는 손을 앞으로 마주 잡고 공손하게 인사하는 것으로, 예의 바르게 인사를 드립시다.

사회자 : 좋은 의견 고맙습니다. 다음은 박서윤 친구가 의견을 발표해 주십시오.

박서윤 : 어깨를 주물러 드리면 어떨까요? 어르신들께 좋아하실 것 같습니다.

사회자 : 의견 감사합니다. 다음은 최덕이 친구가 발표해 주십시오.

최덕이 : 모둠별로 율동과 함께 노래 부르기 공연을 준비하면 좋겠습니다.

사회자 : 감사합니다. 다른 의견 없습니까? 그러면 지금까지 나온 의견 중, 실천할 내용을 정하겠습니다. 이제부터 의견에 찬성 또는 반대의 생각을 표시하여 결정하는 표결을 진행할 텐데요, 의견에 찬성하면 손을 들어 주세요.

18 어휘력이 독해력이다

7 4학년 2반 친구들은 무엇을 하고 있나요? ○하세요.

학급 회의

전교 회의

경로잔치

8 이 글의 마지막에 사회자의 말이 끝나고, 바로 다음에 이어질 4학년 2반 학생들의 모습은 무엇인가요? ○하세요.

9 학급 회의에서 의견을 말할 때는 어떻게 해야 하나요? 빈칸에 알맞은 말을 글에서 찾아 쓰세요.

먼저 | 손 | 을 들고, | 사 | 회 | 자 |의 허락을 받은 후, 이야기합니다.

10 학급 회의에서 이로운과 박서윤의 의견이 선택되었다면, 4학년 2반 친구들은 경로잔치에서 무엇을 할까요? 빈칸에 알맞은 말을 글에서 찾아 쓰세요.

교과 융합

어르신들께 | 공 | 수 |인사를 드리고, | 어 | 깨 |를 주물러 드립니다.

1단원 국어 19

03. 유미의 국어사전 만들기 / 20 ~ 25쪽

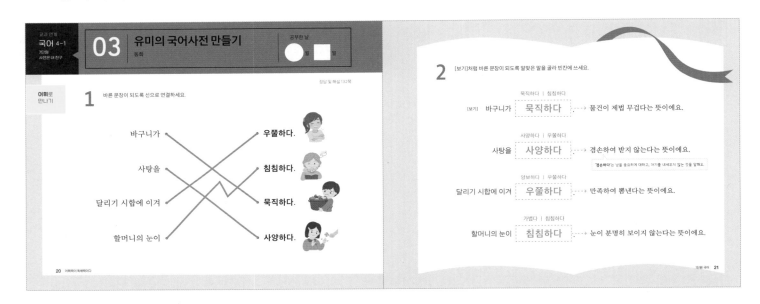

〈동화〉

동화는 글쓴이가 어린이를 위해서 있음 직한 이야기를 상상하여 쓴 글이에요. 이 동화는 유미가 나만의 국어사전을 만드는 이야기예요.

 더 알아보기

비슷한말과 반대말

새로운 낱말을 공부할 때 비슷한말이나 반대말을 함께 알아보면, 낱말의 뜻을 더 잘 이해할 수 있고, 어휘력도 키울 수 있어요. 각 낱말의 비슷한말과 반대말을 알아보고, 모르는 낱말은 국어사전을 찾아 뜻을 확인해 보아요.

	비슷한말	반대말
침침하다	컴컴하다, 흐릿하다	선명하다, 밝다, 또렷하다
하찮다	보잘것없다, 우습다	대단하다, 훌륭하다

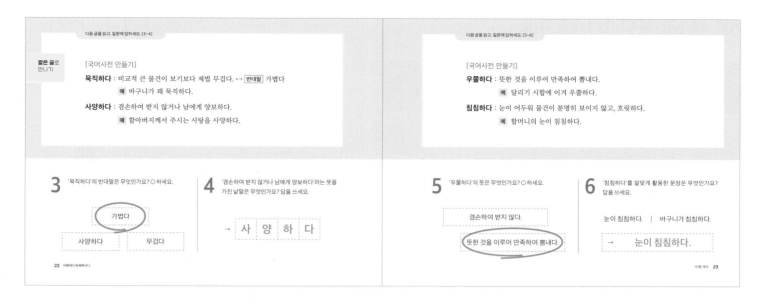

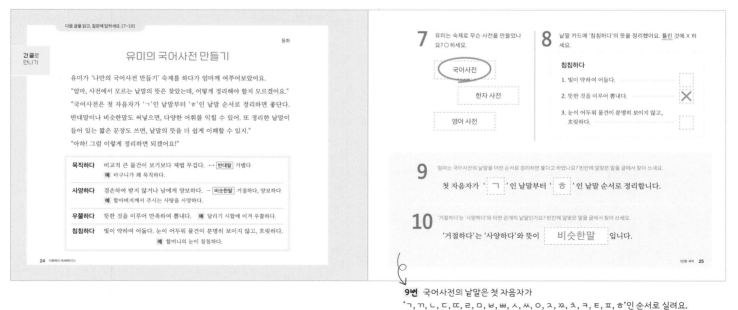

9번 국어사전의 낱말은 첫 자음자가
'ㄱ, ㄲ, ㄴ, ㄷ, ㄸ, ㄹ, ㅁ, ㅂ, ㅃ, ㅅ, ㅆ, ㅇ, ㅈ, ㅉ, ㅊ, ㅋ, ㅌ, ㅍ, ㅎ'인 순서로 실려요.

04. 세종 대왕님, 감사합니다! / 26~31쪽

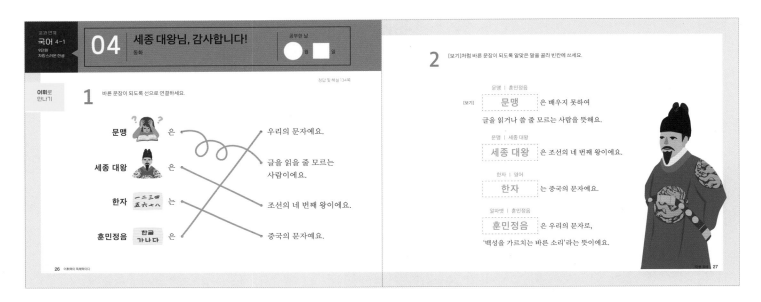

더 알아보기

〈동화〉

동화는 글쓴이가 어린이를 위해서 있음 직한 이야기를 상상하여 쓴 글이에요. 이 동화는 주인공이 우연히 신문 속으로 빨려 들어가 훈민정음을 만든 세종 대왕을 만나는 이야기예요.

환영받지 못했던 우리 문자, 훈민정음

훈민정음은 세종 대왕이 백성들을 위해 만든 문자이지만, 처음부터 모두에게 환영받은 것은 아니에요. 한자를 쓰는 데 자부심을 느꼈던 일부 양반들은 훈민정음을 무시하거나, 사용을 거부하기도 했어요. 그러나 차츰 훈민정음을 사용하는 사람이 늘어났어요. 각종 문서나 편지, 문학 작품 등에 훈민정음이 사용되었지요.

1894년, 드디어 훈민정음이 '국문(國文)', 즉 나라의 공식 문자로 선언되었어요. 훈민정음이 만들어진 지 400여 년이 흐른 뒤의 일이었답니다.

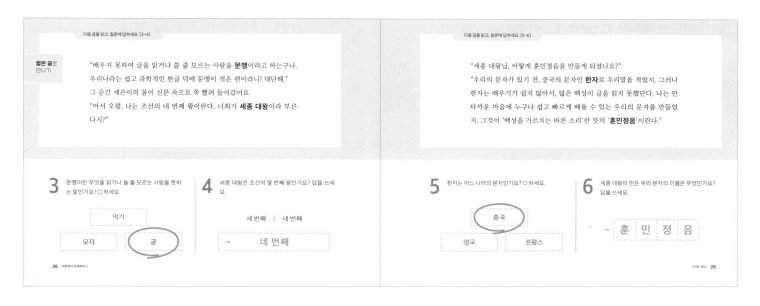

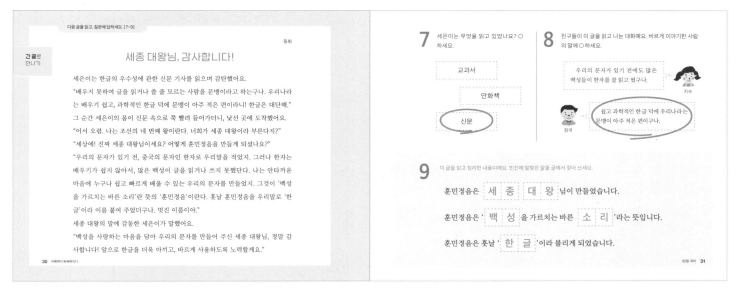

06. 지도 박물관 홈페이지 / 38~43쪽

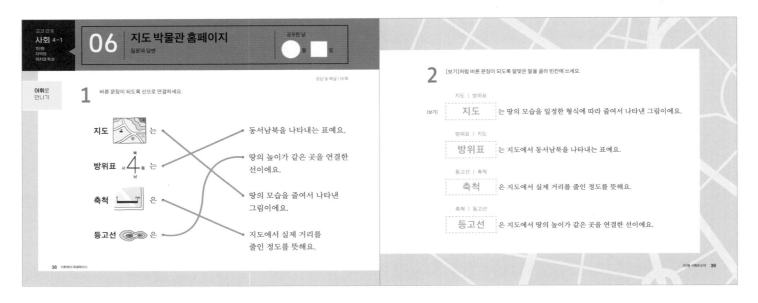

〈질문과 답변〉

질문과 답변 형식의 글은 인터뷰 기사나, 홈페이지 등에서 볼 수 있어요. 이 글은 지도 박물관 홈페이지의 이용자들이 자주 묻는 질문과 그에 대한 답변을 모아 놓은 것이에요.

➕ 더 알아보기

지도에 사용되는 기호

지도에 정보를 사실 그대로 표현한다면 알아보기 어려워요. 그래서 땅이나 건물의 모습을 나타낼 때는 약속된 기호를 사용해요. 기호는 산, 하천, 학교, 병원 등을 간단히 나타내는 표시예요. 지도에 사용하는 기호들을 알아볼까요?

- ▲ 산
- ～ 하천
- ⚑ 초·중·고교
- ⊕ 병원
- ⊥⊥ 논
- ⊥⊥⊥ 밭
- ✪ 우체국
- ⊸ 지하철

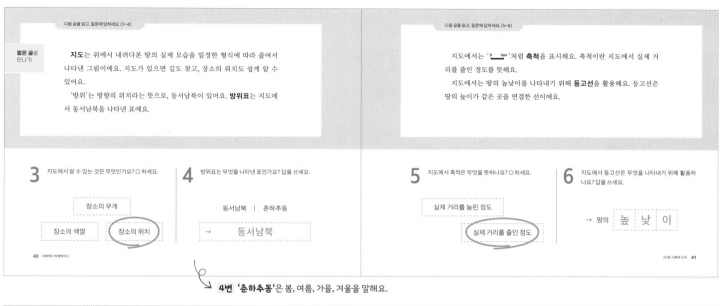

다음 글을 읽고, 질문에 답하세요. [3~4]

짧은 글로 만나기

지도는 위에서 내려다본 땅의 실제 모습을 일정한 형식에 따라 줄여서 나타낸 그림이에요. 지도가 있으면 길도 찾고, 장소의 위치도 쉽게 알 수 있어요.

'**방위**'는 방향의 위치라는 뜻으로, 동서남북이 있어요. **방위표**는 지도에서 동서남북을 나타낸 표예요.

다음 글을 읽고, 질문에 답하세요. [5~6]

지도에서는 '○──1km'처럼 **축척**을 표시해요. 축척이란 지도에서 실제 거리를 줄인 정도를 뜻해요.

지도에서는 땅의 높낮이를 나타내기 위해 **등고선**을 활용해요. 등고선은 땅의 높이가 같은 곳을 연결한 선이에요.

3 지도에서 알 수 있는 것은 무엇인가요? ○ 하세요.

장소의 무게

장소의 색깔 　　(장소의 위치)

4 방위표는 무엇을 나타낸 표인가요? 답을 쓰세요.

동서남북 ｜ 춘하추동

→ 　동서남북

5 지도에서 축척은 무엇을 뜻하나요? ○ 하세요.

실제 거리를 늘린 정도

(실제 거리를 줄인 정도)

6 지도에서 등고선은 무엇을 나타내기 위해 활용하나요? 답을 쓰세요.

→ 땅의 | 높 | 낮 | 이 |

40 어휘력이 독해력이다　　　　　　　　　　　　　　2단원 사회와 도덕 41

4번 '**춘하추동**'은 봄, 여름, 가을, 겨울을 말해요.

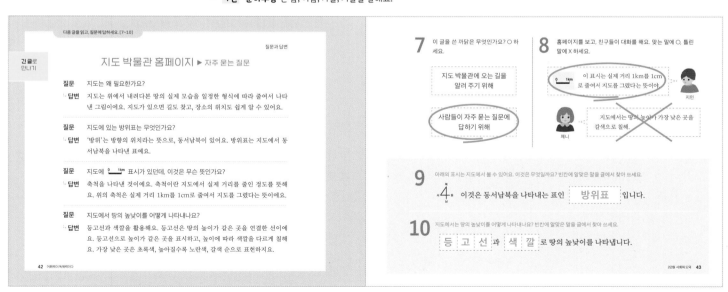

다음 글을 읽고, 질문에 답하세요. [7~10]

긴 글로 만나기

질문과 답변

지도 박물관 홈페이지 ▶ 자주 묻는 질문

질문 지도는 왜 필요한가요?

답변 지도는 위에서 내려다본 땅의 실제 모습을 일정한 형식에 따라 줄여서 나타낸 그림이에요. 지도가 있으면 길도 찾고, 장소의 위치도 쉽게 알 수 있어요.

질문 지도에 있는 방위표는 무엇인가요?

답변 '방위'는 방향의 위치라는 뜻으로, 동서남북이 있어요. 방위표는 지도에서 동서남북을 나타낸 표예요.

질문 지도에 '○──1km' 표시가 있는데, 이것은 무슨 뜻인가요?

답변 축척을 나타낸 것이에요. 축척이란 지도에서 실제 거리를 줄인 정도를 뜻해요. 위의 축척은 실제 거리 1km를 1cm로 줄여서 지도를 그렸다는 뜻이에요.

질문 지도에서 땅의 높낮이를 어떻게 나타내나요?

답변 등고선과 색깔을 활용해요. 등고선은 땅의 높이가 같은 곳을 연결한 선이에요. 등고선으로 높이가 같은 곳을 표시하고, 높이에 따라 색깔을 다르게 칠해요. 가장 낮은 곳은 초록색, 높아질수록 노란색, 갈색 순으로 표현하지요.

7 이 글을 쓴 까닭은 무엇인가요? ○ 하세요.

지도 박물관에 오는 길을 알려 주기 위해

(사람들이 자주 묻는 질문에 답하기 위해)

8 홈페이지를 보고, 친구들이 대화를 해요. 맞는 말에 ○, 틀린 말에 X 하세요.

○──1km 이 표시는 실제 거리 1km를 1cm로 줄여서 지도를 그렸다는 뜻이야. 지민

지도에서는 땅의 높이가 가장 낮은 곳을 갈색으로 칠해. 제니 ✗

9 아래의 표시는 지도에서 볼 수 있어요. 이것은 무엇일까요? 빈칸에 알맞은 말을 글에서 찾아 쓰세요.

이것은 동서남북을 나타내는 표인 | 방위표 | 입니다.

10 지도에서는 땅의 높낮이를 어떻게 나타내나요? 빈칸에 알맞은 말을 글에서 찾아 쓰세요.

| 등 | 고 | 선 | 과 | 색 | 깔 | 로 땅의 높낮이를 나타냅니다.

42 어휘력이 독해력이다　　　　　　　　　　　　　　2단원 사회와 도덕 43

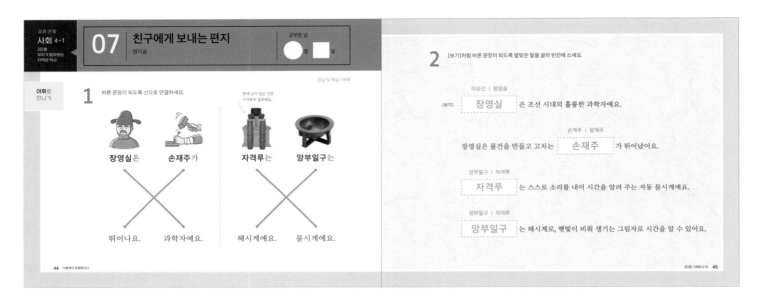

〈편지글〉

편지글은 상대방에게 안부나 소식 등을 전하기 위해 대화하듯이 쓴 글이에요. 이 글은 다영이가 친구에게 장영실을 소개하기 위해 쓴 편지예요.

하늘의 움직임을 읽는 기구 - 혼천의

우리나라의 지폐에는 중요한 역사적 인물이나 물건, 장소 등이 그려져 있어요. 그중 만 원권 지폐의 뒷면에는 둥근 모양의 띠가 여러 각도로 겹쳐 있는 모양을 한, 혼천의가 그려져 있어요.

혼천의는 세종 대왕의 명을 받아 장영실 등이 만들었어요. 혼천의는 혼천시계의 일부로, 태양과 달의 움직임과 위치를 알려 주어요. 혼천의는 훗날 달력을 만드는 바탕이 되었어요.

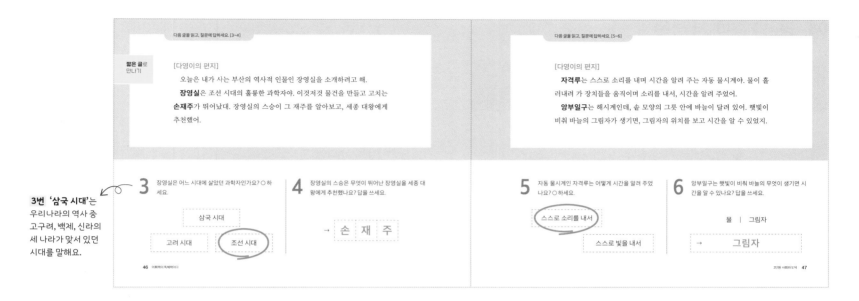

짧은 글로 만나기

[다영이의 편지]

오늘은 내가 사는 부산의 역사적 인물인 장영실을 소개하려고 해. **장영실**은 조선 시대의 훌륭한 과학자야. 이것저것 물건을 만들고 고치는 **손재주**가 뛰어났대. 장영실의 스승이 그 재주를 알아보고, 세종 대왕에게 추천했어.

3 장영실은 어느 시대에 살았던 과학자인가요? ○하세요.

삼국 시대

고려 시대   (조선 시대)

3번 '삼국 시대'는 우리나라의 역사 중 고구려, 백제, 신라의 세 나라가 맞서 있던 시대를 말해요.

4 장영실의 스승은 무엇이 뛰어난 장영실을 세종 대왕에게 추천했나요? 답을 쓰세요.

→ 손 재 주

46 어휘력이 독해력이다

[다영이의 편지]

자격루는 스스로 소리를 내며 시간을 알려 주는 자동 물시계야. 물이 흘러내려 가 장치들을 움직이며 소리를 내서, 시간을 알려 주었어. **앙부일구**는 해시계인데, 솥 모양의 그릇 안에 바늘이 달려 있어. 햇빛이 비춰 바늘의 그림자가 생기면, 그림자의 위치를 보고 시간을 알 수 있었지.

5 자동 물시계인 자격루는 어떻게 시간을 알려 주었나요? ○하세요.

(스스로 소리를 내서)

스스로 빛을 내서

6 앙부일구는 햇빛이 비춰 바늘의 무엇이 생기면 시간을 알 수 있나요? 답을 쓰세요.

물 | 그림자

→ 그림자

2단원 사회와 도덕 47

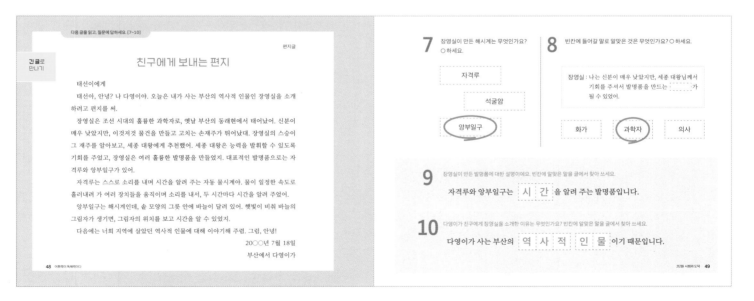

편지글

긴 글로 만나기

친구에게 보내는 편지

태선이에게

태선아, 안녕? 나 다영이야. 오늘은 내가 사는 부산의 역사적 인물인 장영실을 소개하려고 편지를 써.

장영실은 조선 시대의 훌륭한 과학자로, 옛날 부산의 동래현에서 태어났어. 신분이 매우 낮았지만, 이것저것 물건을 만들고 고치는 손재주가 뛰어났대. 장영실의 스승이 그 재주를 알아보고, 세종 대왕에게 추천했어. 세종 대왕은 능력을 발휘할 수 있도록 기회를 주었고, 장영실은 여러 훌륭한 발명품을 만들었지. 대표적인 발명품으로는 자격루와 앙부일구가 있어.

자격루는 스스로 소리를 내며 시간을 알려 주는 자동 물시계야. 물이 일정한 속도로 흘러내려 가 여러 장치들을 움직이며 소리를 내서, 두 시간마다 시간을 알려 주었어.

앙부일구는 해시계인데, 솥 모양의 그릇 안에 바늘이 달려 있어. 햇빛이 비춰 바늘의 그림자가 생기면, 그림자의 위치를 보고 시간을 알 수 있었어.

다음에는 너희 지역에 살았던 역사적 인물에 대해 이야기해 주렴. 그럼, 안녕!

20○○년 7월 18일

부산에서 다영이가

48 어휘력이 독해력이다

7 장영실이 만든 해시계는 무엇인가요? ○하세요.

자격루

석굴암

(앙부일구)

8 빈칸에 들어갈 말로 알맞은 것은 무엇인가요? ○하세요.

장영실 : 나는 신분이 매우 낮았지만, 세종 대왕님께서 기회를 주셔서 발명품을 만드는 [   ]가 될 수 있었어.

화가   (과학자)   의사

9 장영실이 만든 발명품에 대한 설명이에요. 빈칸에 알맞은 말을 글에서 찾아 쓰세요.

자격루와 앙부일구는 시 간 을 알려 주는 발명품입니다.

10 다영이가 친구에게 장영실을 소개한 이유는 무엇인가요? 빈칸에 알맞은 말을 글에서 찾아 쓰세요.

다영이가 사는 부산의 역 사 적 인 물 이기 때문입니다.

2단원 사회와 도덕 49

08. 공공 기관에서 하는 일 / 50~55쪽

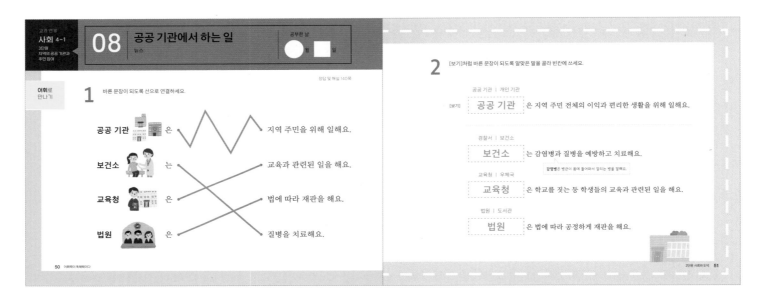

〈뉴스〉

뉴스는 새로운 소식이나 중요한 정보를 전하여 주는 방송의 프로그램이에요. 이 글은 우리 지역의 공공 기관인 보건소, 교육청, 법원에서 하는 일을 알려 주는 뉴스예요.

 더 알아보기

금화도감과 혜민서

조선 시대에도 오늘날의 공공 기관인 소방서, 보건소와 비슷한 일을 하던 곳이 있었어요. 바로 '금화도감'과 '혜민서'이지요.

옛날에는 집을 주로 나무로 짓고 집과 집 사이의 거리도 가까워서, 한 번 불이 나면 큰불로 번져 피해가 심했어요. 이에 세종 대왕 때 오늘날의 소방서와 비슷한 '금화도감'을 만들었어요. 불이 나면 종을 쳐서 알리고, 금화도감에 소속된 금화군이 출동해 백성들과 함께 불을 껐지요.

'혜민서'는 오늘날의 보건소와 비슷한 일을 했어요. 병에 걸린 백성들을 무료로 치료해 주고, 약을 나누어 주기도 했지요. 감기와 같은 병은 물론, 감염병도 치료해 주었답니다.

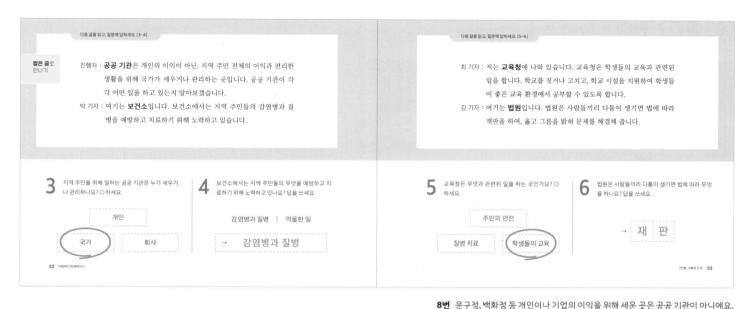

짧은 글로 만나기

진행자 : **공공 기관**은 개인의 이익이 아닌, 지역 주민 전체의 이익과 편리한 생활을 위해 국가가 세우거나 관리하는 곳입니다. 공공 기관이 각각 어떤 일을 하고 있는지 알아보겠습니다.

박 기자 : 여기는 **보건소**입니다. 보건소에서는 지역 주민들의 감염병과 질병을 예방하고 치료하기 위해 노력하고 있습니다.

3 지역 주민을 위해 일하는 공공 기관은 누가 세우거나 관리하나요? ○하세요.

> 개인

> (국가) 　회사

4 보건소에서는 지역 주민들의 무엇을 예방하고 치료하기 위해 노력하고 있나요? 답을 쓰세요.

> 감염병과 질병 ｜ 억울한 일

> → 감염병과 질병

최 기자 : 저는 **교육청**에 나와 있습니다. 교육청은 학생들의 교육과 관련된 일을 합니다. 학교를 짓거나 고치고, 학교 시설을 지원하여 학생들이 좋은 교육 환경에서 공부할 수 있도록 합니다.

김 기자 : 여기는 **법원**입니다. 법원은 사람들끼리 다툼이 생기면 법에 따라 재판을 하여, 옳고 그름을 밝혀 문제를 해결해 줍니다.

5 교육청은 무엇과 관련된 일을 하는 곳인가요? ○하세요.

> 주민의 안전

> 질병 치료 　(학생들의 교육)

6 법원은 사람들끼리 다툼이 생기면 법에 따라 무엇을 하나요? 답을 쓰세요.

> → 재 판

8번 문구점, 백화점 등 개인이나 기업의 이익을 위해 세운 곳은 공공 기관이 아니에요.

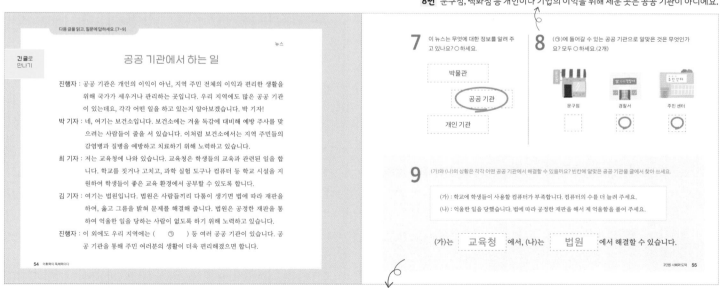

긴 글로 만나기

뉴스

공공 기관에서 하는 일

진행자 : 공공 기관은 개인의 이익이 아닌, 지역 주민 전체의 이익과 편리한 생활을 위해 국가가 세우거나 관리하는 곳입니다. 우리 지역에도 많은 공공 기관이 있는데요, 각각 어떤 일을 하고 있는지 알아보겠습니다. 박 기자!

박 기자 : 네, 여기는 보건소입니다. 보건소에는 겨울 독감에 대비해 예방 주사를 맞으려는 사람들이 줄을 서 있습니다. 이처럼 보건소에서는 지역 주민들의 감염병과 질병을 예방하고 치료하기 위해 노력하고 있습니다.

최 기자 : 저는 교육청에 나와 있습니다. 교육청은 학생들의 교육과 관련된 일을 합니다. 학교를 짓거나 고치고, 과학 실험 도구나 컴퓨터 등 학교 시설을 지원하여 학생들이 좋은 교육 환경에서 공부할 수 있도록 합니다.

김 기자 : 여기는 법원입니다. 법원은 사람들끼리 다툼이 생기면 법에 따라 재판을 하여, 옳고 그름을 밝혀 문제를 해결해 줍니다. 법원은 공정한 재판을 통하여 억울한 일을 당하는 사람이 없도록 하기 위해 노력하고 있습니다.

진행자 : 이 외에도 우리 지역에는 (㉠) 등 여러 공공 기관이 있습니다. 공공 기관을 통해 주민 여러분의 생활이 더욱 편리해졌으면 합니다.

7 이 뉴스는 무엇에 대한 정보를 알려 주고 있나요? ○하세요.

> 박물관

> (공공 기관)

> 개인 기관

8 (㉠)에 들어갈 수 있는 공공 기관으로 알맞은 것은 무엇인가요? 모두 ○하세요.(2개)

> 문구점　　경찰서 ○　　주민 센터 ○

9 (가)와 (나)의 상황은 각각 어떤 공공 기관에서 해결할 수 있을까요? 빈칸에 알맞은 공공 기관을 글에서 찾아 쓰세요.

> (가) : 학교에 학생들이 사용할 컴퓨터가 부족합니다. 컴퓨터의 수를 더 늘려 주세요.
>
> (나) : 억울한 일을 당했습니다. 법에 따라 공정한 재판을 해서 제 억울함을 풀어 주세요.

(가)는 교육청 에서, (나)는 법원 에서 해결할 수 있습니다.

9번 (가)는 학교 시설을 지원하는 일이므로 교육청에서, (나)는 재판을 해야하므로 법원에서 해결해요.

09. 통일 전망대를 다녀와서 / 56~61쪽

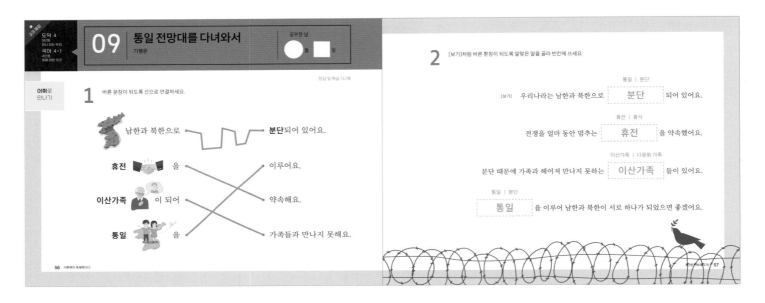

<기행문>

기행문은 여행하면서 보고, 듣고, 느끼고, 겪은 것을 쓴 글이에요. 이 글은 강원도 고성에 있는 통일 전망대를 여행하며 겪은 것, 느낀 것 등을 쓴 기행문이에요.

➕ 더 알아보기

6·25 전쟁

1950년 6월 25일 새벽, 북한이 남한을 침략하면서 전쟁이 시작되었어요. 남한은 북한의 침략에 맞섰으나, 소련에게 지원을 받은 북한의 공격을 이겨 내지 못했어요. 결국 수도인 서울을 빼앗기고 점차 남쪽으로 밀려났지요. 이후 남한도 국제 연합군의 지원을 받았고, 한반도의 중간 지점인 38도선을 중심으로 치열한 전투가 벌어졌어요. 1953년 7월, 마침내 휴전이 결정되었고, 맞서 싸우던 자리는 휴전선이 되었어요. 남한과 북한은 둘로 나누어진 채, 지금까지 서로 자유롭게 오고 갈 수 없게 되었답니다.

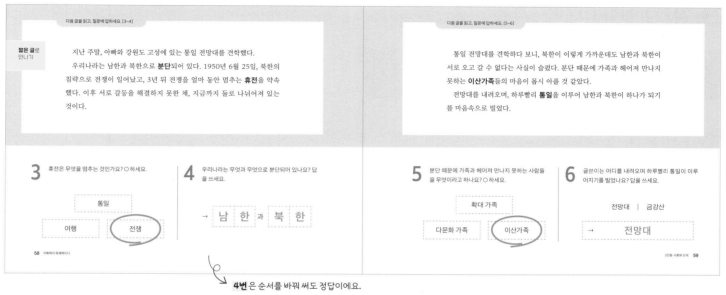

짧은 글로 만나기

지난 주말, 아빠와 강원도 고성에 있는 통일 전망대를 견학했다.

우리나라는 남한과 북한으로 **분단**되어 있다. 1950년 6월 25일, 북한의 침략으로 전쟁이 일어났고, 3년 뒤 전쟁을 얼마 동안 멈추는 **휴전**을 약속했다. 이후 서로 갈등을 해결하지 못한 채, 지금까지 둘로 나뉘어져 있는 것이다.

3 휴전은 무엇을 멈추는 것인가요? ○하세요.

통일

여행   (전쟁)

4 우리나라는 무엇과 무엇으로 분단되어 있나요? 답을 쓰세요.

→ 남 한 과 북 한

58 어휘와 독해력이다

통일 전망대를 견학하다 보니, 북한이 이렇게 가까운데도 남한과 북한이 서로 오고 갈 수 없다는 사실이 슬펐다. 분단 때문에 가족과 헤어져 만나지 못하는 **이산가족**들의 마음이 몹시 아플 것 같았다.

전망대를 내려오며, 하루빨리 **통일**을 이루어 남한과 북한이 하나가 되기를 마음속으로 빌었다.

5 분단 때문에 가족과 헤어져 만나지 못하는 사람들을 무엇이라고 하나요? ○하세요.

확대 가족

다문화 가족   (이산가족)

6 글쓴이는 어디를 내려오며 하루빨리 통일이 이루어지기를 빌었나요? 답을 쓰세요.

전망대 | 금강산

→ 전망대

2단원 사회와 도덕 59

4번은 순서를 바꿔 써도 정답이에요.

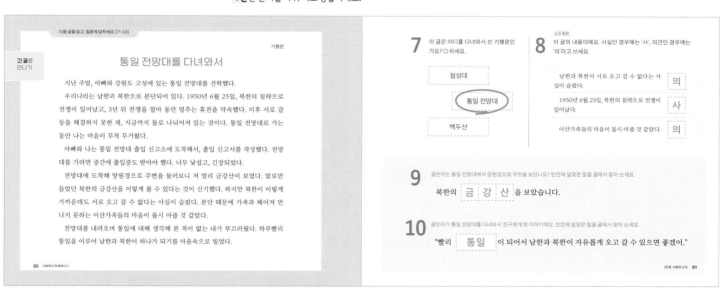

긴 글로 만나기

기행문

통일 전망대를 다녀와서

지난 주말, 아빠와 강원도 고성에 있는 통일 전망대를 견학했다.

우리나라는 남한과 북한으로 분단되어 있다. 1950년 6월 25일, 북한의 침략으로 전쟁이 일어났고, 3년 뒤 전쟁을 얼마 동안 멈추는 휴전을 약속했다. 이후 서로 갈등을 해결하지 못한 채, 지금까지 둘로 나뉘어져 있는 것이다. 통일 전망대로 가는 동안 나는 마음이 무척 무거웠다.

아빠와 나는 통일 전망대 출입 신고소에 도착해서, 출입 신고서를 작성했다. 전망대를 가려면 중간에 출입증도 받아야 했다. 너무 낯설고, 긴장되었다.

전망대에 도착해 망원경으로 주변을 둘러보니 저 멀리 금강산이 보였다. 말로만 들었던 북한의 금강산을 이렇게 볼 수 있다는 것이 신기했다. 하지만 북한이 이렇게 가까운데도 서로 오고 갈 수 없다는 사실이 슬펐다. 분단 때문에 가족과 헤어져 만나지 못하는 이산가족들의 마음이 몹시 아플 것 같았다.

전망대를 내려오며 통일에 대해 생각해 본 적이 없는 내가 부끄러웠다. 하루빨리 통일을 이루어 남한과 북한이 하나가 되기를 마음속으로 빌었다.

60 어휘와 독해력이다

7 이 글은 어디를 다녀와서 쓴 기행문인가요? ○하세요.

첨성대

(통일 전망대)

백두산

8 교과 통합 이 글의 내용이에요. 사실인 경우에는 '사', 의견인 경우에는 '의'라고 쓰세요.

남한과 북한이 서로 오고 갈 수 없다는 사실이 슬펐다. → 의

1950년 6월 25일, 북한의 침략으로 전쟁이 일어났다. → 사

이산가족들의 마음이 몹시 아플 것 같았다. → 의

9 글쓴이는 통일 전망대에서 망원경으로 무엇을 보았나요? 빈칸에 알맞은 말을 글에서 찾아 쓰세요.

북한의 금 강 산 을 보았습니다.

10 글쓴이가 통일 전망대를 다녀와서 친구에게 한 이야기예요. 빈칸에 알맞은 말을 글에서 찾아 쓰세요.

"빨리 통일 이 되어서 남한과 북한이 자유롭게 오고 갈 수 있으면 좋겠어."

2단원 사회와 도덕 61

11. 삼엽충 할아버지 / 68~73쪽

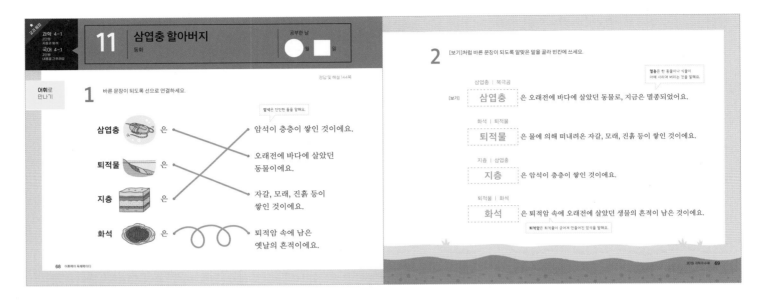

✏ 〈동화〉

동화는 글쓴이가 어린이를 위해서 있음 직한 이야기를 상상하여 쓴 글이에요. 이 동화는 삼엽충 할아버지가 화석이 된 과정을 알려 주는 이야기예요.

➕ 더 알아보기

퇴적암의 종류

대부분의 지층은 퇴적암으로 이루어져 있어요. 퇴적암은 물이 운반한 자갈, 모래, 진흙 등 퇴적물이 굳어져 만들어진 암석이지요. 퇴적암은 알갱이의 크기에 따라 이암, 사암, 역암으로 분류할 수 있어요. 각각의 특징을 알아볼까요?

- **이암** : 진흙과 같은 작은 알갱이로 되어 있어요. 만지면 부드러워요.
- **사암** : 주로 모래로 되어 있어요. 만지면 약간 거칠어요.
- **역암** : 주로 자갈, 모래 등으로 되어 있어, 크고 작은 알갱이가 섞여 있어요. 만지면 부드럽기도 하고, 거칠기도 해요.

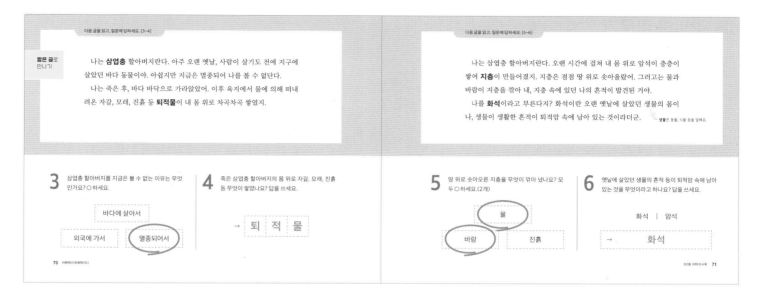

짧은 글로 만나기

나는 **삼엽충** 할아버지란다. 아주 오랜 옛날, 사람이 살기도 전에 지구에 살았던 바다 동물이야. 아쉽지만 지금은 멸종되어 나를 볼 수 없단다.

나는 죽은 후, 바다 바닥으로 가라앉았어. 이후 육지에서 물에 의해 떠내려온 자갈, 모래, 진흙 등 **퇴적물**이 내 몸 위로 차곡차곡 쌓였지.

3 삼엽충 할아버지를 지금은 볼 수 없는 이유는 무엇인가요? ○하세요.

바다에 살아서

외국에 가서　　멸종되어서 ⟵

4 죽은 삼엽충 할아버지의 몸 위로 자갈, 모래, 진흙 등 무엇이 쌓였나요? 답을 쓰세요.

→ | 퇴 | 적 | 물 |

나는 삼엽충 할아버지란다. 오랜 시간에 걸쳐 내 몸 위로 암석이 층층이 쌓여 **지층**이 만들어졌지. 지층은 점점 땅 위로 솟아올랐어. 그러고는 물과 바람이 지층을 깎아 내, 지층 속에 있던 나의 흔적이 발견된 거야.

나를 **화석**이라고 부른다지? 화석이란 오랜 옛날에 살았던 생물의 몸이나, 생물이 생활한 흔적이 퇴적암 속에 남아 있는 것이라더군.

생물은 동물, 식물 등을 말해요.

5 땅 위로 솟아오른 지층을 무엇이 깎아 냈나요? 모두 ○하세요. (2개)

물

바람　　진흙

6 옛날에 살았던 생물의 흔적 등이 퇴적암 속에 남아 있는 것을 무엇이라고 하나요? 답을 쓰세요.

화석 | 암석

→　화석

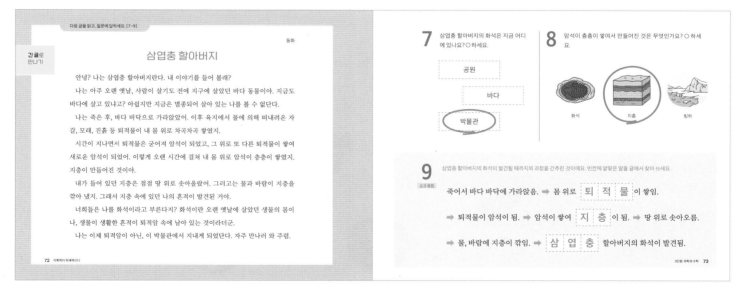

동화

긴 글로 만나기

삼엽충 할아버지

안녕? 나는 삼엽충 할아버지란다. 내 이야기를 들어 볼래?

나는 아주 오랜 옛날, 사람이 살기도 전에 지구에 살았던 바다 동물이야. 지금도 바다에 살고 있냐고? 아쉽지만 지금은 멸종되어 살아 있는 나를 볼 수 없단다.

나는 죽은 후, 바다 바닥으로 가라앉았어. 이후 육지에서 물에 의해 떠내려온 자갈, 모래, 진흙 등 퇴적물이 내 몸 위로 차곡차곡 쌓였지.

시간이 지나면서 퇴적물은 굳어져 암석이 되었고, 그 위로 또 다른 퇴적물이 쌓여 새로운 암석이 되었지. 이렇게 오랜 시간에 걸쳐 내 몸 위로 암석이 층층이 쌓였지. 지층이 만들어진 것이야.

내가 들어 있던 지층은 점점 땅 위로 솟아올랐어. 그러고는 물과 바람이 지층을 깎아 냈지. 그래서 지층 속에 있던 나의 흔적이 발견된 거야.

너희들은 나를 화석이라고 부른다지? 화석이란 오랜 옛날에 살았던 생물의 몸이나, 생물이 생활한 흔적이 퇴적암 속에 남아 있는 것이라더군.

나는 이제 퇴적암이 아닌, 이 박물관에서 지내게 되었단다. 자주 만나러 와 주렴.

7 삼엽충 할아버지의 화석은 지금 어디에 있나요? ○하세요.

공원

바다

박물관 ⟵

8 암석이 층층이 쌓여서 만들어진 것은 무엇인가요? ○하세요.

화석　　지층　　빙하

9 삼엽충 할아버지의 화석이 발견될 때까지의 과정을 간추린 것이에요. 빈칸에 알맞은 말을 글에서 찾아 쓰세요.

교과융합

죽어서 바다 바닥에 가라앉음. ➡ 몸 위로 | 퇴 | 적 | 물 | 이 쌓임.

➡ 퇴적물이 암석이 됨. ➡ 암석이 쌓여 | 지 | 층 | 이 됨. ➡ 땅 위로 솟아오름.

➡ 물, 바람에 지층이 깎임. ➡ | 삼 | 엽 | 충 | 할아버지의 화석이 발견됨.

12. 강낭콩 키우기 / 74~79쪽

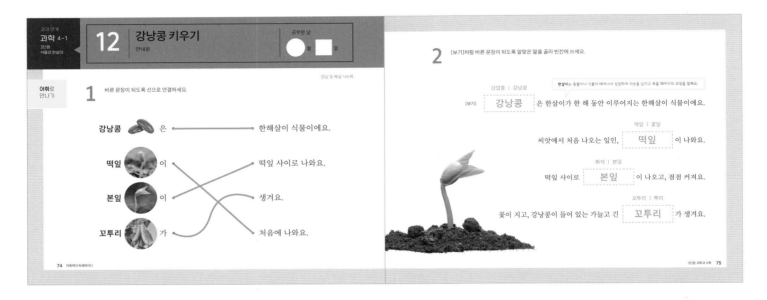

〈안내문〉

안내문은 어떤 내용을 다른 사람에게 알려 주기 위해 쓴 글이에요. 이 안내문은 강낭콩의 특징과 키우는 방법을 알려 주고 있어요.

더 알아보기

강낭콩의 한살이

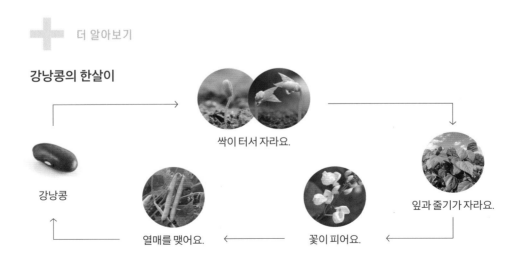

강낭콩 → 싹이 터서 자라요. → 잎과 줄기가 자라요. → 꽃이 피어요. → 열매를 맺어요. →

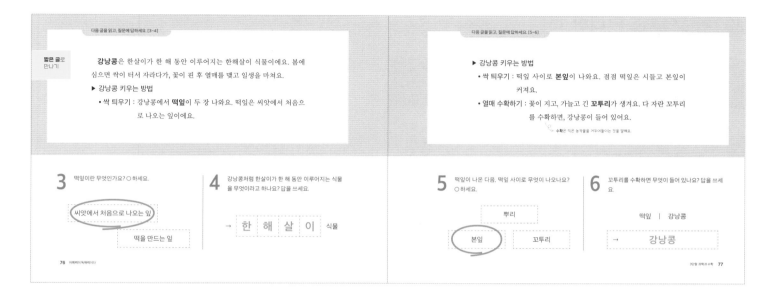

다음 글을 읽고, 질문에 답하세요. [3~4]

짧은 글로 만나기

강낭콩은 한살이가 한 해 동안 이루어지는 한해살이 식물이에요. 봄에 심으면 싹이 터서 자라다가, 꽃이 핀 후 열매를 맺고 일생을 마쳐요.

▶ 강낭콩 키우는 방법
• **싹 틔우기** : 강낭콩에서 **떡잎**이 두 장 나와요. 떡잎은 씨앗에서 처음으로 나오는 잎이에요.

다음 글을 읽고, 질문에 답하세요. [5~6]

▶ 강낭콩 키우는 방법
• **싹 틔우기** : 떡잎 사이로 **본잎**이 나와요. 점점 떡잎은 시들고 본잎이 커져요.
• **열매 수확하기** : 꽃이 지고, 가늘고 긴 **꼬투리**가 생겨요. 다 자란 꼬투리를 수확하면, 강낭콩이 들어 있어요.

→ 수확은 익은 농작물을 거두어들이는 것을 말해요.

3 떡잎이란 무엇인가요? ○ 하세요.

(씨앗에서 처음으로 나오는 잎)

떡을 만드는 잎

4 강낭콩처럼 한살이가 한 해 동안 이루어지는 식물을 무엇이라고 하나요? 답을 쓰세요.

→ | 한 | 해 | 살 | 이 | 식물

5 떡잎이 나온 다음, 떡잎 사이로 무엇이 나오나요? ○ 하세요.

뿌리

(본잎) 꼬투리

6 꼬투리를 수확하면 무엇이 들어 있나요? 답을 쓰세요.

떡잎 | 강낭콩

→ 강낭콩

76 어휘력이 독해력이다

3단원 과학과 수학 77

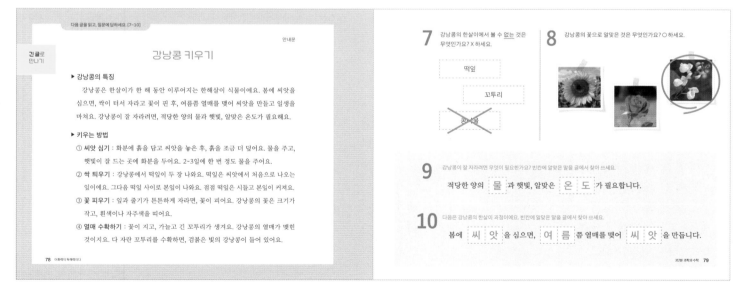

다음 글을 읽고, 질문에 답하세요. [7~10]

안내문

긴 글로 만나기

강낭콩 키우기

▶ **강낭콩의 특징**

강낭콩은 한살이가 한 해 동안 이루어지는 한해살이 식물이에요. 봄에 씨앗을 심으면, 싹이 터서 자라고 꽃이 핀 후, 여름쯤 열매를 맺어 씨앗을 만들고 일생을 마쳐요. 강낭콩이 잘 자라려면, 적당한 양의 물과 햇빛, 알맞은 온도가 필요해요.

▶ **키우는 방법**

① **씨앗 심기** : 화분에 흙을 담고 씨앗을 놓은 후, 흙을 조금 더 덮어요. 물을 주고, 햇빛이 잘 드는 곳에 화분을 두어요. 2~3일에 한 번 정도 물을 주어요.

② **싹 틔우기** : 강낭콩에서 떡잎이 두 장 나와요. 떡잎은 씨앗에서 처음으로 나오는 잎이에요. 그다음 떡잎 사이로 본잎이 나와요. 점점 떡잎은 시들고 본잎이 커져요.

③ **꽃 피우기** : 잎과 줄기가 튼튼하게 자라면, 꽃이 피어요. 강낭콩의 꽃은 크기가 작고, 흰색이나 자주색을 띠어요.

④ **열매 수확하기** : 꽃이 지고, 가늘고 긴 꼬투리가 생겨요. 강낭콩의 열매가 맺힌 것이지요. 다 자란 꼬투리를 수확하면, 검붉은 빛의 강낭콩이 들어 있어요.

7 강낭콩의 한살이에서 볼 수 없는 것은 무엇인가요? X 하세요.

떡잎

꼬투리

~~공깃돌~~

8 강낭콩의 꽃으로 알맞은 것은 무엇인가요? ○ 하세요.

9 강낭콩이 잘 자라려면 무엇이 필요한가요? 빈칸에 알맞은 말을 글에서 찾아 쓰세요.

적당한 양의 물 과 햇빛, 알맞은 온 도 가 필요합니다.

10 다음은 강낭콩의 한살이 과정이에요. 빈칸에 알맞은 말을 글에서 찾아 쓰세요.

봄에 씨 앗 을 심으면, 여 름 쯤 열매를 맺어 씨 앗 을 만듭니다.

78 어휘력이 독해력이다

3단원 과학과 수학 79

13. 최고의 저울은 나야, 나! / 80~85쪽

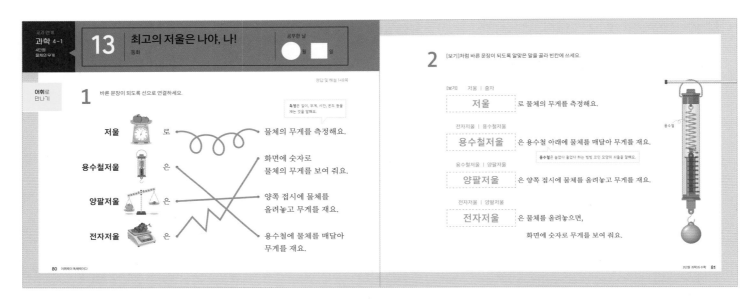

〈동화〉

동화는 글쓴이가 어린이를 위해서 있음 직한 이야기를 상상하여 쓴 글이에요. 이 동화는 저울 가게에서 다양한 저울들이 각자의 장점을 뽐내며 이야기하는 내용이에요.

➕ 더 알아보기

늘었다 줄었다 하는 용수철저울

용수철저울은 용수철의 늘었다 줄었다 하는 성질을 이용한 저울이에요. 무거운 물체를 매달수록 용수철이 많이 늘어나지요. 용수철저울은 겉면에 숫자가 쓰여 있는 눈금이 있고, 용수철의 끝부분에는 표시 자가 있어요. 용수철저울에 물체를 매달면, 용수철이 늘어나면서 표시 자가 저울의 겉면에 있는 눈금을 가리켜요. 눈금의 숫자와 단위를 같이 읽으면, 그것이 물체의 무게이지요. 무게를 읽을 때는, 눈금을 가리키는 표시 자와 눈높이를 맞추어서 읽어야 한답니다.

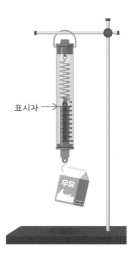

표시자 →

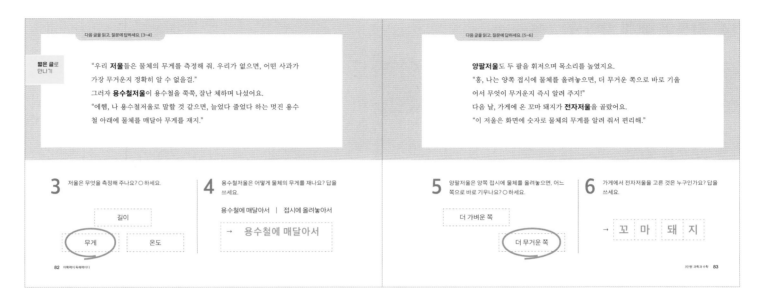

짧은 글로 만나기

"우리 **저울**들은 물체의 무게를 측정해 줘. 우리가 없으면, 어떤 사과가 가장 무거운지 정확히 알 수 없을걸."

그러자 **용수철저울**이 용수철을 쭉쭉, 잘난 체하며 나섰어요.

"에헴, 나 용수철저울로 말할 것 같으면, 늘었다 줄었다 하는 멋진 용수철 아래에 물체를 매달아 무게를 재지."

3 저울은 무엇을 측정해 주나요? ○ 하세요.

> 길이
>
> 무게   온도

4 용수철저울은 어떻게 물체의 무게를 재나요? 답을 쓰세요.

용수철에 매달아서 | 접시에 올려놓아서

→ 용수철에 매달아서

양팔저울도 두 팔을 휘저으며 목소리를 높였지요.

"흥, 나는 양쪽 접시에 물체를 올려놓으면, 더 무거운 쪽으로 바로 기울어서 무엇이 무거운지 즉시 알려 주지!"

다음 날, 가게에 온 꼬마 돼지가 **전자저울**을 골랐어요.

"이 저울은 화면에 숫자로 물체의 무게를 알려 줘서 편리해."

5 양팔저울은 양쪽 접시에 물체를 올려놓으면, 어느 쪽으로 바로 기우나요? ○ 하세요.

> 더 가벼운 쪽
>
> 더 무거운 쪽

6 가게에서 전자저울을 고른 것은 누구인가요? 답을 쓰세요.

→ 꼬 마 돼 지

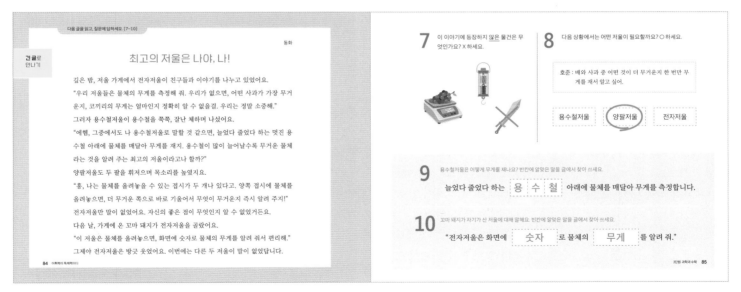

동화

긴 글로 만나기

최고의 저울은 나야, 나!

깊은 밤, 저울 가게에서 전자저울이 친구들과 이야기를 나누고 있었어요.

"우리 저울들은 물체의 무게를 측정해 줘. 우리가 없으면, 어떤 사과가 가장 무거운지, 코끼리의 무게는 얼마인지 정확히 알 수 없을걸. 우리는 정말 소중해."

그러자 용수철저울이 용수철을 쭉쭉, 잘난 체하며 나섰어요.

"에헴, 그중에서도 나 용수철저울로 말할 것 같으면, 늘었다 줄었다 하는 멋진 용수철 아래에 물체를 매달아 무게를 재지. 용수철이 많이 늘어날수록 무거운 물체라는 것을 알려 주는 최고의 저울이라고나 할까?"

양팔저울도 두 팔을 휘저으며 목소리를 높였지요.

"흥, 나는 물체를 올려놓을 수 있는 접시가 두 개나 있다고. 양쪽 접시에 물체를 올려놓으면, 더 무거운 쪽으로 바로 기울어서 무엇이 무거운지 즉시 알려 주지!"

전자저울만 말이 없었어요. 자신의 좋은 점이 무엇인지 알 수 없었거든요.

다음 날, 가게에 온 꼬마 돼지가 전자저울을 골랐어요.

"이 저울은 물체를 올려놓으면, 화면에 숫자로 물체의 무게를 알려 줘서 편리해."

그제야 전자저울은 방긋 웃었어요. 이번에는 다른 두 저울이 말이 없었답니다.

7 이 이야기에 등장하지 <u>않은</u> 물건은 무엇인가요? X 하세요.

8 다음 상황에서는 어떤 저울이 필요할까요? ○ 하세요.

> 호준 : 배와 사과 중 어떤 것이 더 무거운지 한 번만 무게를 재서 알고 싶어.

용수철저울   양팔저울   전자저울

9 용수철저울은 어떻게 무게를 재나요? 빈칸에 알맞은 말을 글에서 찾아 쓰세요.

늘었다 줄었다 하는 용 수 철 아래에 물체를 매달아 무게를 측정합니다.

10 꼬마 돼지가 자기가 산 저울에 대해 말해요. 빈칸에 알맞은 말을 글에서 찾아 쓰세요.

"전자저울은 화면에 숫자 로 물체의 무게 를 알려 줘."

14. 각도에 대해 알아요 / 86~91쪽

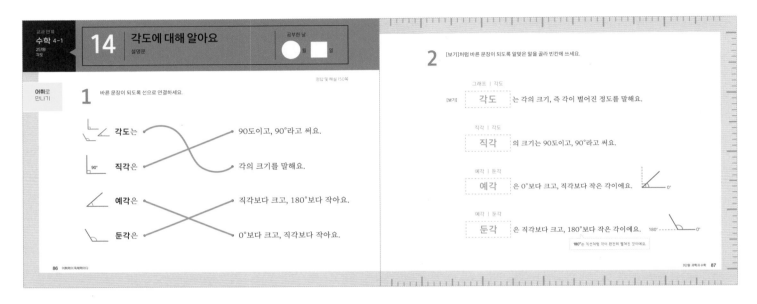

〈설명문〉

설명문은 지식이나 정보를 전달하기 위해 쓴 글이에요. 이 글은 각도에 대해 설명하고 있어요.

➕ 더 알아보기

건축물에서 찾아 보는 각도

오른쪽 사진은 '피사의 사탑'이에요. 피사의 사탑은 이탈리아에 있는 건축물로, 기울어진 탑으로 매우 유명해요. 탑의 한쪽 땅이 내려앉아서 기울어졌지요. 이 사진에서 예각과 둔각을 찾을 수 있나요? 맞아요, 사진의 오른쪽은 예각, 왼쪽은 둔각이지요.

이렇게 주변 곳곳에 숨어 있는 각도를 찾아 보며, 각도에 대해 재미있게 공부해 보아요.

둔각   예각

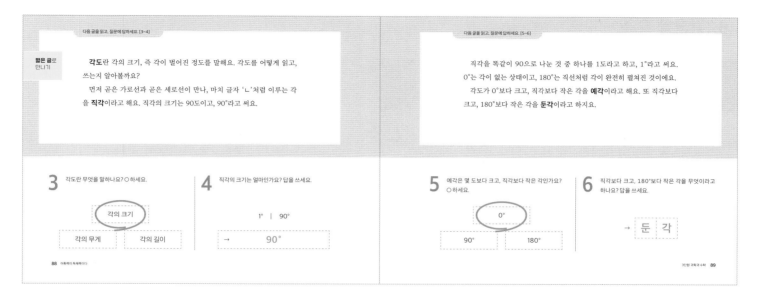

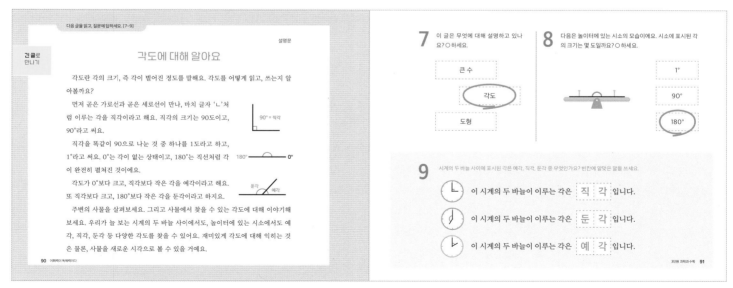

16. 판본체를 소개해요 / 98~103쪽

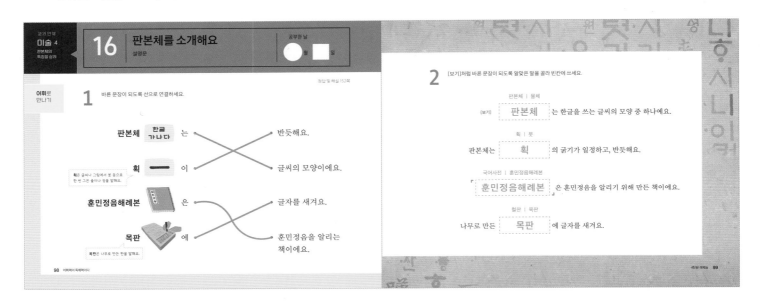

＜설명문＞

설명문은 지식이나 정보를 전달하기 위해 쓴 글이에요. 이 글은 한글을 쓰는 글씨의 모양인 판본체에 대해 설명하고 있어요.

✚ 더 알아보기

판본체를 사용한 책, 『월인천강지곡』

『월인천강지곡』은 세종 대왕이 불교를 만든 석가모니의 업적을 기리고 드러내며 지은 노래를 실은 책으로, 우리나라 국보 제320호예요. 이 책은 한글을 크게 본문으로 쓰고, 그 밑에 작은 글자로 한자를 써 놓았어요. 한글 위주로 사용한 최초의 책으로 알려져 있지요. 이 책에서 사용한 한글의 모양도 바로 판본체랍니다.

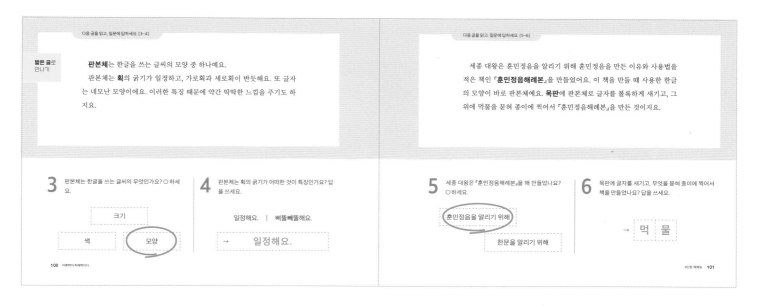

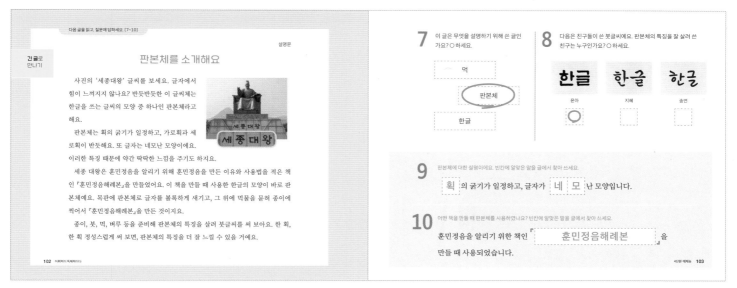

17. 누나에게 보내는 편지 / 104~109쪽

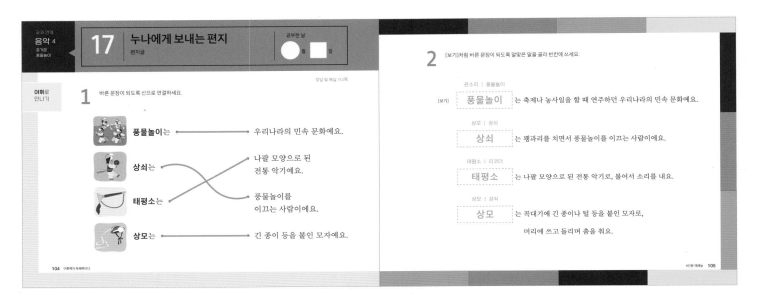

〈편지글〉

편지글은 상대방에게 안부나 소식 등을 전하기 위해 대화하듯이 쓴 글이에요. 이 글은 미국에 사는 누나에게 우리나라의 민속 문화인 '풍물놀이'를 소개하기 위해 쓴 편지예요.

➕ 더 알아보기

풍물놀이에서 사용하는 악기

◀ 꽹과리

풍물놀이에서 상쇠가 연주하는 악기예요. 둥근 모양의 쇠로 만든 몸통을, 채로 쳐서 소리를 내요. 징보다 작고, 꽹꽹거리는 소리가 나요.

채

◀ 소고

손잡이가 달린 작은 북이에요. 둥근 북통에 짧은 나무 손잡이가 달려 있고, 북면에는 가죽이 씌어져 있어요. 채로 쳐서 소리를 내요.

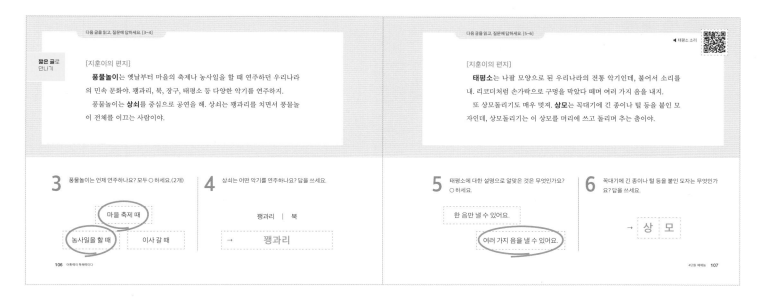

다음 글을 읽고, 질문에 답하세요. [3~4]

짧은 글로 만나기

[지훈이의 편지]

　풍물놀이는 옛날부터 마을의 축제나 농사일을 할 때 연주하던 우리나라의 민속 문화야. 꽹과리, 북, 장구, 태평소 등 다양한 악기를 연주하지.
　풍물놀이는 **상쇠**를 중심으로 공연을 해. 상쇠는 꽹과리를 치면서 풍물놀이 전체를 이끄는 사람이야.

3 풍물놀이는 언제 연주하나요? 모두 ○ 하세요. (2개)

(마을 축제 때)

(농사일을 할 때)　이사 갈 때

4 상쇠는 어떤 악기를 연주하나요? 답을 쓰세요.

꽹과리　|　북

→　꽹과리

106　어휘력이 독해력이다

다음 글을 읽고, 질문에 답하세요. [5~6]

◀ 태평소 소리

[지훈이의 편지]

　태평소는 나팔 모양으로 된 우리나라의 전통 악기인데, 불어서 소리를 내. 리코더처럼 손가락으로 구멍을 막았다 떼며 여러 가지 음을 내지.
　또 상모돌리기도 매우 멋져. **상모**는 꼭대기에 긴 종이나 털 등을 붙인 모자인데, 상모돌리기는 이 상모를 머리에 쓰고 돌리며 추는 춤이야.

5 태평소에 대한 설명으로 알맞은 것은 무엇인가요? ○ 하세요.

한 음만 낼 수 있어요.

(여러 가지 음을 낼 수 있어요.)

6 꼭대기에 긴 종이나 털 등을 붙인 모자는 무엇인가요? 답을 쓰세요.

→ 상 모

4단원 예체능　107

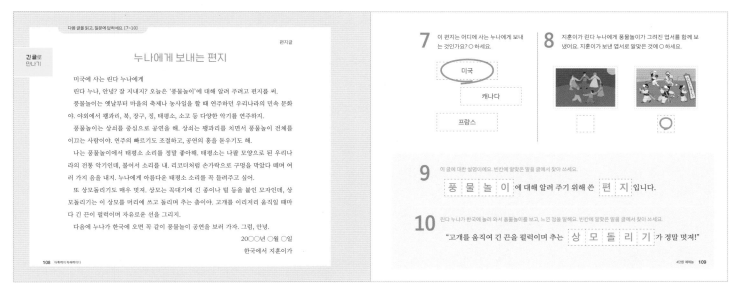

다음 글을 읽고, 질문에 답하세요. [7~10]

편지글

긴 글로 만나기

누나에게 보내는 편지

미국에 사는 린다 누나에게
　린다 누나, 안녕! 잘 지내지? 오늘은 '풍물놀이'에 대해 알려 주려고 편지를 써.
　풍물놀이는 옛날부터 마을의 축제나 농사일을 할 때 연주하던 우리나라의 민속 문화야. 야외에서 꽹과리, 북, 장구, 징, 태평소, 소고 등 다양한 악기를 연주하지.
　풍물놀이는 상쇠를 중심으로 공연을 해. 상쇠는 꽹과리를 치면서 풍물놀이 전체를 이끄는 사람이야. 연주의 빠르기도 조절하고, 공연의 흥을 돋우기도 해.
　나는 풍물놀이에서 태평소 소리를 정말 좋아해. 태평소는 나팔 모양으로 된 우리나라의 전통 악기인데, 불어서 소리를 내. 리코더처럼 손가락으로 구멍을 막았다 떼며 여러 가지 음을 내지. 누나에게 아름다운 태평소 소리를 꼭 들려주고 싶어.
　또 상모돌리기도 매우 멋져. 상모는 꼭대기에 긴 종이나 털 등을 붙인 모자인데, 상모돌리기는 이 상모를 머리에 쓰고 돌리며 추는 춤이야. 고개를 이리저리 움직일 때마다 긴 끈이 펄럭이며 자유로운 선을 그리지.
　다음에 누나가 한국에 오면 꼭 같이 풍물놀이 공연을 보러 가자. 그럼, 안녕.
　　　　　　　　　　　　　　　20○○년 ○월 ○일
　　　　　　　　　　　　　　　한국에서 지훈이가

108　어휘력이 독해력이다

7 이 편지는 어디에 사는 누나에게 보내는 것인가요? ○ 하세요.

(미국)

캐나다

프랑스

8 지훈이가 린다 누나에게 풍물놀이가 그려진 엽서를 함께 보냈어요. 지훈이가 보낸 엽서로 알맞은 것에 ○ 하세요.

□　　○

9 이 글에 대한 설명이에요. 빈칸에 알맞은 말을 글에서 찾아 쓰세요.

풍 물 놀 이 에 대해 알려 주기 위해 쓴 편 지 입니다.

10 린다 누나가 한국에 놀러 와서 풍물놀이를 보고, 느낀 점을 말해요. 빈칸에 알맞은 말을 글에서 찾아 쓰세요.

"고개를 움직여 긴 끈을 펄럭이며 추는 상 모 돌 리 기 가 정말 멋져!"

4단원 예체능　109

정답과 해설　**155**

18. 피터와 늑대 / 110~115쪽

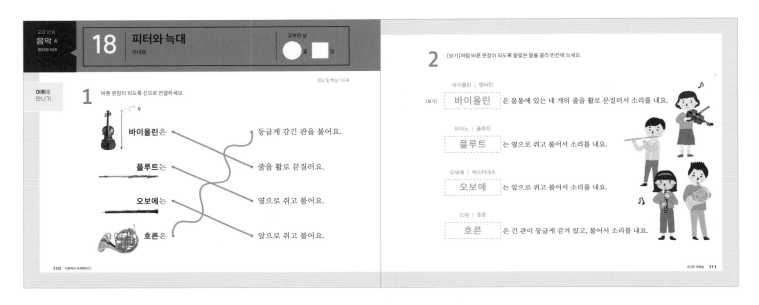

<안내문>

안내문은 어떤 내용을 다른 사람에게 알려 주기 위해 쓴 글이에요. 이 안내문은 〈피터와 늑대〉를 감상하기 전, 작품의 줄거리와 사용된 악기에 대해 알려 주고 있어요.

더 알아보기

<피터와 늑대>

〈피터와 늑대〉는 러시아의 작곡가 프로코피예프가 어린이를 위해 만든 음악 동화예요. 이 작품은 오케스트라*를 위해 만들어졌어요. 그런데 매우 독특하게, 악기를 연주하는 중간중간 성우가 내레이션으로 이야기를 해 주며 작품이 진행되어요. 프로코피예프는 직접 줄거리와 내레이션을 쓰고, 음악을 붙여 이 작품을 만들었어요. 어린이들에게 다양한 악기를 재미있게 알려 주기 위해 등장인물들을 여러 가지 악기로 실감 나게 표현했답니다.

*오케스트라(orchestra)는 관악기, 현악기, 타악기 등으로 함께 연주하는 형태를 말해요.

짧은 글로
만나기

〈피터와 늑대〉는 음악 동화로, 등장인물들을 악기로 표현했습니다.

주인공 피터는 **바이올린** 등으로 표현했습니다. 바이올린은 몸통에 있는

네 개의 줄을 활로 문질러서 소리를 냅니다.

새가 지저귀는 소리는 **플루트**로 표현했습니다. 플루트는 옆으로 쥐고 불

어서 소리를 내는 악기로, 맑은 소리가 납니다.

3 주인공인 피터는 어떤 악기로 표현하였나요? ○ 하
세요.

피아노

드럼   (바이올린)

4 플루트는 어떻게 연주하나요? 답을 쓰세요.

옆으로 쥐고 불어서 | 줄을 활로 문질러서

→ 옆으로 쥐고 불어서

112 어휘력이 독해력이다

〈피터와 늑대〉는 음악 동화로, 등장인물들을 악기로 표현했습니다.

오리는 **오보에**로 표현했습니다. 오보에는 가늘고 길게 생겼고, 앞으로

쥐고 불어서 소리를 냅니다.

늑대는 **호른**으로 표현했습니다. 호른은 긴 관이 둥글게 감겨 있고, 끝부

분은 활짝 핀 나팔꽃처럼 생겼습니다. 불어서 소리를 냅니다.

5 오리를 표현한 오보에는 어떻게 생겼나요? ○ 하세
요.

긴 관이 둥글게 감겨 있어요.

(가늘고 길게 생겼어요.)

6 늑대는 어떤 악기로 표현하였나요? 답을 쓰세요.

→ 호 른

4단원 예체능 113

안내문

긴 글로
만나기

피터와 늑대

오늘 감상할 작품인 〈피터와 늑대〉를 소개하겠습니다. 〈피터와 늑대〉는 어린이를
위해 만든 음악 동화입니다. 이 작품은 다양한 등장인물들을 그에 알맞은 악기들로
실감 나게 표현한 것이 특징입니다. 작품의 줄거리는 다음과 같습니다.

주인공인 피터는 이른 아침 숲에 갔습니다. 작은 새가 지저귀고, 오리는 연못에서
헤엄쳤습니다. 잠시 후, 늑대가 나타나 오리를 단숨에 잡아먹었습니다. 피터는 작은
새에게 늑대의 관심을 끌게 하고, 밧줄을 던져 늑대를 잡았습니다.

이 작품에서 주인공 피터는 바이올린 등의 현악기로 표현했습니다. 현악기는 줄
이 있는 악기를 말합니다. 바이올린은 몸통에 있는 네 개의 줄을 활로 문질러서 소
리를 냅니다. 새가 지저귀는 소리는 플루트로 표현했습니다. 플루트는 옆으로 쥐고
불어서 소리를 내는 악기로, 맑은 소리가 납니다. 오리는 오보에로 표현했습니다.
오보에는 가늘고 길게 생겼고, 앞으로 쥐고 불어서 소리를 냅니다. 늑대는 호른으로
표현했습니다. 호른은 긴 관이 둥글게 감겨 있고, 끝부분은 활짝 핀 나팔꽃처럼 생
겼습니다. 불어서 소리를 내는데, 플루트나 오보에보다 묵직한 소리가 납니다.

등장인물의 특징을 잘 표현한 악기에 집중하며, 작품을 감상해 보세요.

114 어휘력이 독해력이다

---

7 〈피터와 늑대〉는 누구를 위해 만든 음
악 동화인가요? ○ 하세요.

어른

동물   (어린이)

8 〈피터와 늑대〉는 다양한 악기로 연주해요. 작품에 사용되지
않는 악기에 X 하세요.

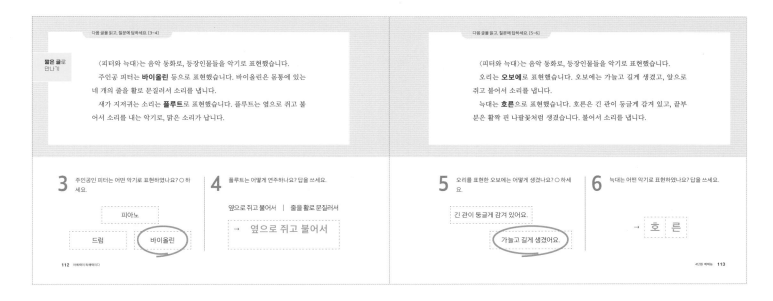

호른   소고   바이올린

9 〈피터와 늑대〉의 줄거리를 정리했어요. 빈칸에 알맞은 말을 글에서 찾아 쓰세요.

주인공 피터 는 이른 아침 숲 에 갔습니다.

그런데 늑대 가 나타나 오리 를 잡아먹었습니다.

피터가 밧줄 을 던져 늑대를 잡았습니다.

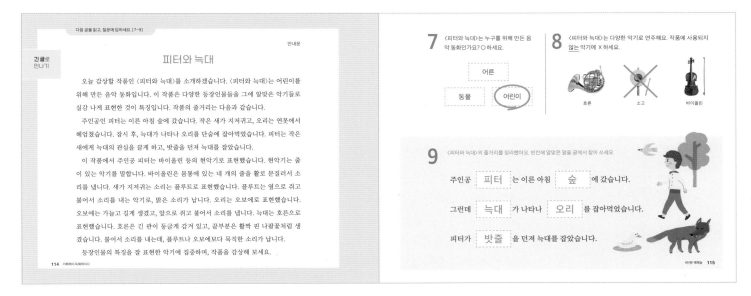

4단원 예체능 115

19. 축구 경기를 보고 / 116~121쪽

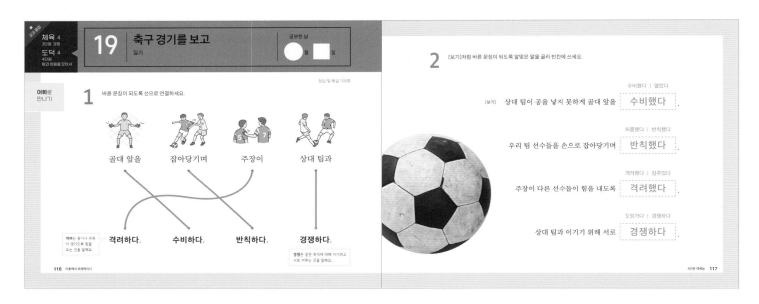

더 알아보기

〈일기〉

 일기는 그날 있었던 일 중에서 인상 깊었던 일과 그 일에 대한 생각이나 느낌을 쓴 글이에요. 이 글은 홍민이가 삼촌과 축구 경기를 보고 온 날에 쓴 일기예요.

축구의 경기 규칙

 운동 경기를 할 때는 이기는 것만큼 규칙을 잘 알고 지키는 것이 중요해요. 축구에서 어떤 행동을 하면 반칙이 되는지 알아보고, 경기를 할 때 이런 행동을 하지 않도록 해요.

- 상대 팀을 손으로 잡는 것.
- 골키퍼가 아닌 다른 선수가 손으로 공을 건드리거나, 잡는 것.
- 상대 팀을 발로 차거나, 차려고 하는 것.
- 상대 팀의 발을 걸어 넘어뜨리거나, 몸으로 밀어 넘어뜨리는 것.
- 상대 팀을 손으로 치거나, 치려고 하는 것 등.

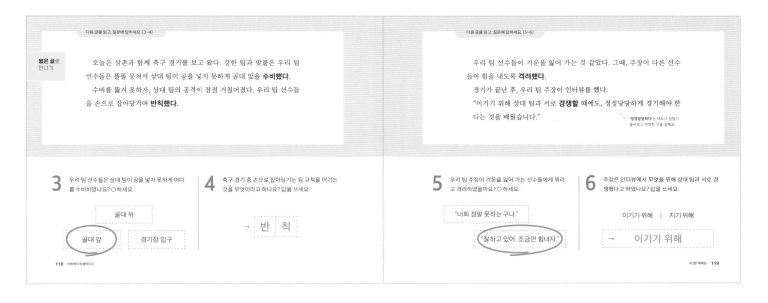

짧은 글로 만나기

오늘은 삼촌과 함께 축구 경기를 보고 왔다. 강한 팀과 맞붙은 우리 팀 선수들은 똘똘 뭉쳐서 상대 팀이 공을 넣지 못하게 골대 앞을 **수비했다.**

수비를 뚫지 못하자, 상대 팀의 공격이 점점 거칠어졌다. 우리 팀 선수들을 손으로 잡아당기며 **반칙했다.**

3 우리 팀 선수들은 상대 팀이 공을 넣지 못하게 어디를 수비하였나요? ○ 하세요.

> 골대 뒤
>
> (골대 앞)   경기장 입구

4 축구 경기 중 손으로 잡아당기는 등 규칙을 어기는 것을 무엇이라고 하나요? 답을 쓰세요.

→ 반 칙

우리 팀 선수들이 기운을 잃어 가는 것 같았다. 그때, 주장이 다른 선수들이 힘을 내도록 **격려했다.**

경기가 끝난 후, 우리 팀 주장이 인터뷰를 했다.

"이기기 위해 상대 팀과 서로 **경쟁할** 때에도, 정정당당하게 경기해야 한다는 것을 배웠습니다."

'정정당당하다'는 태도나 방법이 올바르고 떳떳한 것을 말해요.

5 우리 팀 주장이 기운을 잃어 가는 선수들에게 뭐라고 격려하였을까요? ○ 하세요.

> "너희 정말 못하는구나."
>
> ("잘하고 있어. 조금만 힘내자.")

6 주장이 인터뷰에서 무엇을 위해 상대 팀과 서로 경쟁했다고 하였나요? 답을 쓰세요.

> 이기기 위해 | 지기 위해

→ 이기기 위해

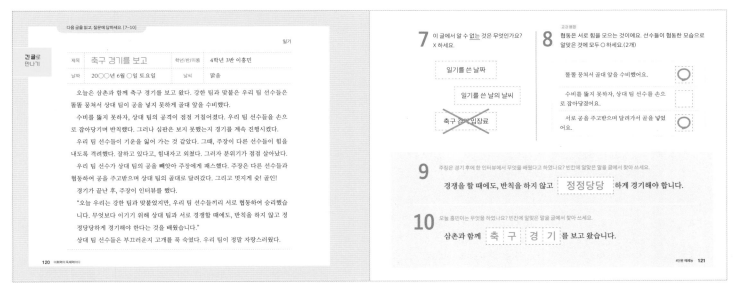

긴 글로 만나기

일기

제목	축구 경기를 보고	학년/반/이름	4학년 3반 이흥민
날짜	20○○년 6월 ○일 토요일	날씨	맑음

오늘은 삼촌과 함께 축구 경기를 보고 왔다. 강한 팀과 맞붙은 우리 팀 선수들은 똘똘 뭉쳐서 상대 팀이 공을 넣지 못하게 골대 앞을 수비했다.

수비를 뚫지 못하자, 상대 팀의 공격이 점점 거칠어졌다. 우리 팀 선수들을 손으로 잡아당기며 반칙했다. 그러나 심판은 보지 못했는지 경기를 계속 진행시켰다.

우리 팀 선수들이 기운을 잃어 가는 것 같았다. 그때, 주장이 다른 선수들이 힘을 내도록 격려했다. 잘하고 있다고, 힘내자고 외쳤다. 그러자 분위기가 점점 살아났다.

우리 팀 선수가 상대 팀의 공을 빼앗아 주장에게 패스했다. 주장은 다른 선수들과 협동하여 공을 주고받으며 상대 팀의 골대로 달려갔다. 그리고 멋지게 슛! 골인!

경기가 끝난 후, 주장이 인터뷰를 했다.

"오늘 우리는 강한 팀과 맞붙었지만, 우리 팀 선수들끼리 서로 협동하여 승리했습니다. 무엇보다 이기기 위해 상대 팀과 서로 경쟁할 때에도, 반칙을 하지 않고 정정당당하게 경기해야 한다는 것을 배웠습니다."

상대 팀 선수들은 부끄러운지 고개를 푹 숙였다. 우리 팀이 정말 자랑스러웠다.

7 이 글에서 알 수 <u>없는</u> 것은 무엇인가요? X 하세요.

> 일기를 쓴 날짜
>
> 일기를 쓴 날의 날씨
>
> ~~축구 경기 입장료~~

8 협동은 서로 힘을 모으는 것이에요. 선수들이 협동한 모습으로 알맞은 것에 모두 ○ 하세요. (2개)

> 똘똘 뭉쳐서 골대 앞을 수비했어요. ○
>
> 수비를 뚫지 못하자, 상대 팀 선수를 손으로 잡아당겼어요.
>
> 서로 공을 주고받으며 달려가서 골을 넣었어요. ○

9 주장은 경기 후에 한 인터뷰에서 무엇을 배웠다고 하였나요? 빈칸에 알맞은 말을 글에서 찾아 쓰세요.

경쟁을 할 때에도, 반칙을 하지 않고 정정당당 하게 경기해야 합니다.

10 오늘 흥민이는 무엇을 하였나요? 빈칸에 알맞은 말을 글에서 찾아 쓰세요.

삼촌과 함께 축 구 경 기 를 보고 왔습니다.

05. 확인 학습 / 32~35쪽

05
확인 학습
어휘 복습하기
1-4일

공부한 날
○ 일
□ 일

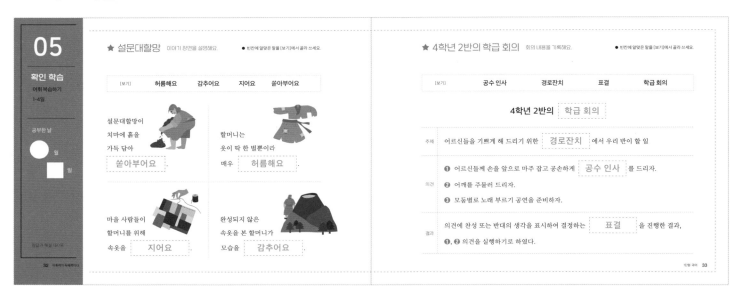

★ 설문대할망 이야기 장면을 설명해요. ● 빈칸에 알맞은 말을 [보기]에서 골라 쓰세요.

[보기] 허름해요   감추어요   지어요   쏟아부어요

설문대할망이
치마에 흙을
가득 담아
쏟아부어요.

할머니는
옷이 딱 한 벌뿐이라
매우 **허름해요**.

마을 사람들이
할머니를 위해
속옷을 **지어요**.

완성되지 않은
속옷을 본 할머니가
모습을 **감추어요**.

★ 4학년 2반의 학급 회의 회의 내용을 기록해요. ● 빈칸에 알맞은 말을 [보기]에서 골라 쓰세요.

[보기] 공수 인사   경로잔치   표결   학급 회의

4학년 2반의 **학급 회의**

주제	어르신들을 기쁘게 해 드리기 위한 **경로잔치** 에서 우리 반이 할 일
의견	❶ 어르신들께 손을 앞으로 마주 잡고 공손하게 **공수 인사** 를 드리자. ❷ 어깨를 주물러 드리자. ❸ 모둠별로 노래 부르기 공연을 준비하자.
결과	의견에 찬성 또는 반대의 생각을 표시하여 결정하는 **표결** 을 진행한 결과, ❶, ❷ 의견을 실행하기로 하였다.

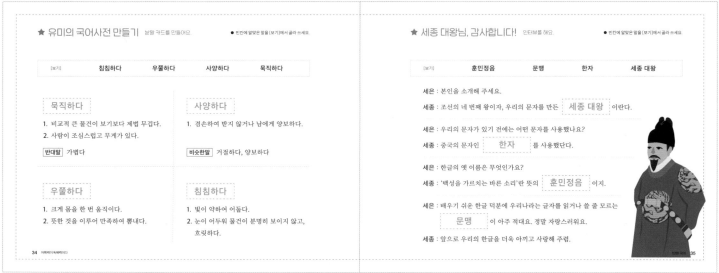

★ 유미의 국어사전 만들기 낱말 카드를 만들어요. ● 빈칸에 알맞은 말을 [보기]에서 골라 쓰세요.

[보기] 침침하다   우쭐하다   사양하다   묵직하다

묵직하다
1. 비교적 큰 물건이 보기보다 제법 무겁다.
2. 사람이 조심스럽고 무게가 있다.
반대말 가볍다

사양하다
1. 겸손하여 받지 않거나 남에게 양보하다.
비슷한말 거절하다, 양보하다

우쭐하다
1. 크게 몸을 한 번 움직이다.
2. 뜻한 것을 이루어 만족하여 뽐내다.

침침하다
1. 빛이 약하여 어둡다.
2. 눈이 어두워 물건이 분명히 보이지 않고, 흐릿하다.

★ 세종 대왕님, 감사합니다! 인터뷰를 해요. ● 빈칸에 알맞은 말을 [보기]에서 골라 쓰세요.

[보기] 훈민정음   문맹   한자   세종 대왕

세은 : 본인을 소개해 주세요.
세종 : 조선의 네 번째 왕이자, 우리의 문자를 만든 **세종 대왕** 이란다.

세은 : 우리의 문자가 있기 전에는 어떤 문자를 사용했나요?
세종 : 중국의 문자인 **한자** 를 사용했단다.

세은 : 한글의 옛 이름은 무엇인가요?
세종 : '백성을 가르치는 바른 소리'란 뜻의 **훈민정음** 이지.

세은 : 배우기 쉬운 한글 덕분에 우리나라를 읽거나 쓸 줄 모르는
문맹 이 아주 적대요. 정말 자랑스러워요.

세종 : 앞으로 우리의 한글을 더욱 아끼고 사랑해 주렴.

10. 확인 학습 / 62~65쪽

10

확인 학습

어휘 복습하기
6~9일

공부한 날

○ 월

□ 일

정답과 해설 161쪽

62 어휘메이트 독해라이드

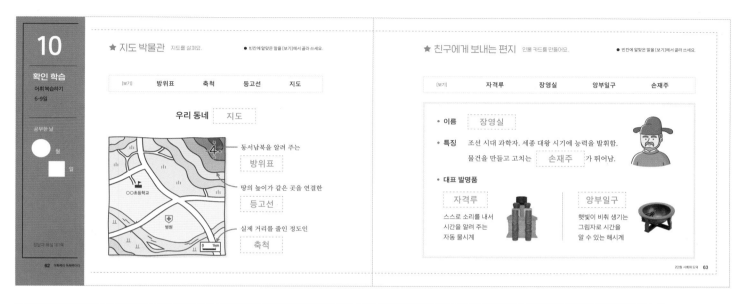

★ 지도 박물관 지도를 살펴요.   ● 빈칸에 알맞은 말을 [보기]에서 골라 쓰세요.

[보기] 방위표   축척   등고선   지도

우리 동네 [지도]

○○초등학교
병원
0 1km

동서남북을 알려 주는 [방위표]

땅의 높이가 같은 곳을 연결한 [등고선]

실제 거리를 줄인 정도인 [축척]

★ 친구에게 보내는 편지 인물 카드를 만들어요.   ● 빈칸에 알맞은 말을 [보기]에서 골라 쓰세요

[보기] 자격루   장영실   앙부일구   손재주

• 이름 [장영실]

• 특징 조선 시대 과학자. 세종 대왕 시기에 능력을 발휘함.
        물건을 만들고 고치는 [손재주] 가 뛰어남.

• 대표 발명품

[자격루]
스스로 소리를 내서
시간을 알려 주는
자동 물시계

[앙부일구]
햇빛이 비춰 생기는
그림자로 시간을
알 수 있는 해시계

63 2단원 사회와 도덕

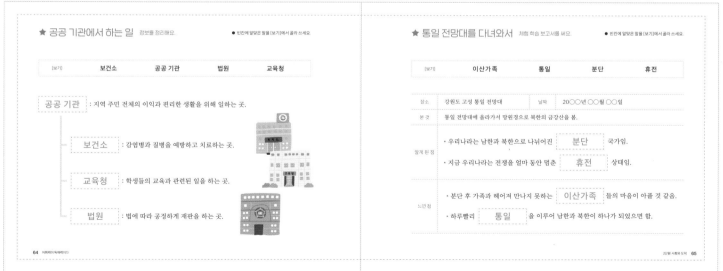

★ 공공 기관에서 하는 일 정보를 정리해요.   ● 빈칸에 알맞은 말을 [보기]에서 골라 쓰세요.

[보기] 보건소   공공 기관   법원   교육청

[공공 기관] : 지역 주민 전체의 이익과 편리한 생활을 위해 일하는 곳.

[보건소] : 감염병과 질병을 예방하고 치료하는 곳.

[교육청] : 학생들의 교육과 관련된 일을 하는 곳.

[법원] : 법에 따라 공정하게 재판을 하는 곳.

64 어휘메이트 독해라이드

★ 통일 전망대를 다녀와서 체험 학습 보고서를 써요.   ● 빈칸에 알맞은 말을 [보기]에서 골라 쓰세요.

[보기] 이산가족   통일   분단   휴전

장소	강원도 고성 통일 전망대	날짜	20○○년 ○○월 ○○일
본 것	통일 전망대에 올라가서 망원경으로 북한의 금강산을 봄.		
알게 된 점	• 우리나라는 남한과 북한으로 나뉘어진 [분단] 국가임. • 지금 우리나라는 전쟁을 얼마 동안 멈춘 [휴전] 상태임.		
느낀 점	• 분단 후 가족과 헤어져 만나지 못하는 [이산가족] 들의 마음이 아플 것 같음. • 하루빨리 [통일] 을 이루어 남한과 북한이 하나가 되었으면 함.		

65 2단원 사회와 도덕

15. 확인 학습 / 92~95쪽

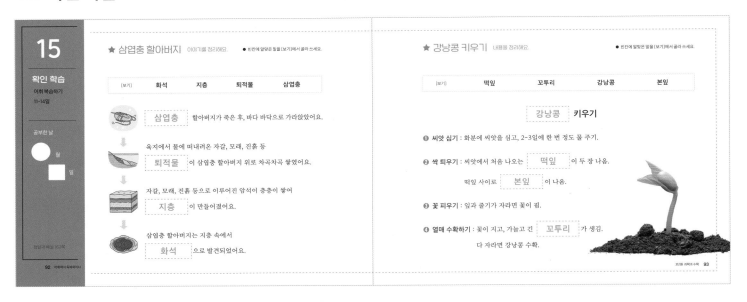

15
확인 학습
어휘 복습하기
11~14일

공부한 날
○ 월
□ 일

정답과 해설 162쪽

92 어휘력이 독해력이다

★ 삼엽충 할아버지 이야기를 정리해요.
● 빈칸에 알맞은 말을 [보기]에서 골라 쓰세요.

[보기] 화석   지층   퇴적물   삼엽충

삼엽충 할아버지가 죽은 후, 바다 바닥으로 가라앉았어요.

육지에서 물에 떠내려온 자갈, 모래, 진흙 등
퇴적물 이 삼엽충 할아버지 위로 차곡차곡 쌓였어요.

자갈, 모래, 진흙 등으로 이루어진 암석이 층층이 쌓여
지층 이 만들어졌어요.

삼엽충 할아버지는 지층 속에서
화석 으로 발견되었어요.

★ 강낭콩 키우기 내용을 정리해요.
● 빈칸에 알맞은 말을 [보기]에서 골라 쓰세요.

[보기] 떡잎   꼬투리   강낭콩   본잎

강낭콩 키우기

❶ **씨앗 심기** : 화분에 씨앗을 심고, 2~3일에 한 번 정도 물 주기.

❷ **싹 틔우기** : 씨앗에서 처음 나오는 **떡잎** 이 두 장 나옴.

　　　　떡잎 사이로 **본잎** 이 나옴.

❸ **꽃 피우기** : 잎과 줄기가 자라면 꽃이 핌.

❹ **열매 수확하기** : 꽃이 지고, 가늘고 긴 **꼬투리** 가 생김.

　　　　다 자라면 강낭콩 수확.

3단원 과학과 수학 93

★ 최고의 저울은 나야, 나! 저울의 종류를 정리해요.
● 빈칸에 알맞은 말을 [보기]에서 골라 쓰세요.

[보기] 양팔저울   용수철저울   저울   전자저울

저울 의 종류

용수철저울
용수철에 물체를 매달아 무게를 재는 저울

양팔저울
양쪽 접시에 물체를 올려 놓고 무게를 재는 저울

전자저울
화면에 숫자로 물체의 무게를 보여 주는 저울

94 어휘력이 독해력이다

★ 각도에 대해 알아요 질문에 답해요.
● 빈칸에 알맞은 말을 [보기]에서 골라 쓰세요.

[보기] 둔각   직각   각도   예각

수학 질문 게시판

질문 : **각도** 란 무엇인가요?
└ 답 : 각의 크기,
　　　즉 각이 벌어진 정도를 말해요.

질문 : **직각** 의 크기는 얼마인가요?
└ 답 : 90도이고, 90°라고 써요.

질문 : **예각** 이란 무엇인가요?
└ 답 : 0°보다 크고,
　　　직각보다 작은 각이에요.

질문 : **둔각** 이란 무엇인가요?
└ 답 : 직각보다 크고,
　　　180°보다 작은 각이에요.

3단원 과학과 수학 95

20. 확인 학습 / 122~125쪽

20
확인 학습
어휘 복습하기
16~19일

공부한 날

○ 월
□ 일

정답과 해설 163쪽

122 어휘력이 독해력이다

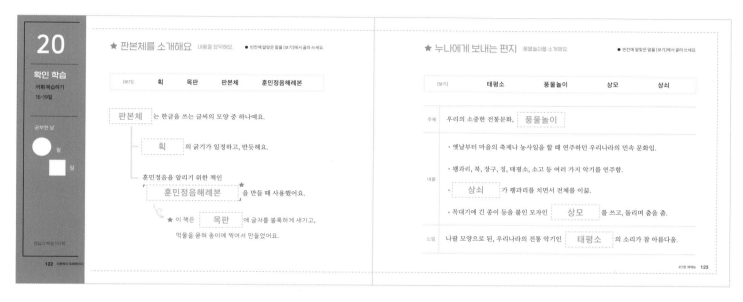

★ 판본체를 소개해요 내용을 요약해요. ● 빈칸에 알맞은 말을 [보기]에서 골라 쓰세요.

[보기] 획   목판   판본체   훈민정음해례본

판본체 는 한글을 쓰는 글씨의 모양 중 하나예요.

└ **획** 의 굵기가 일정하고, 반듯해요.

└ 훈민정음을 알리기 위한 책인
훈민정음해례본 을 만들 때 사용했어요.

↳ 이 책은 **목판** 에 글자를 볼록하게 새기고,
먹물을 묻혀 종이에 찍어서 만들었어요.

★ 누나에게 보내는 편지 풍물놀이를 소개해요. ● 빈칸에 알맞은 말을 [보기]에서 골라 쓰세요.

[보기] 태평소   풍물놀이   상모   상쇠

주제	우리의 소중한 전통문화, **풍물놀이**
내용	• 옛날부터 마을의 축제나 농사일을 할 때 연주하던 우리나라의 민속 문화임. • 꽹과리, 북, 장구, 징, 태평소, 소고 등 여러 가지 악기를 연주함. • **상쇠** 가 꽹과리를 치면서 전체를 이끎. • 꼭대기에 긴 종이 등을 붙인 모자인 **상모** 를 쓰고, 돌리며 춤을 춤.
느낌	나팔 모양으로 된, 우리나라의 전통 악기인 **태평소** 의 소리가 참 아름다움.

4단원 예체능 123

★ 피터와 늑대 악기를 소개해요. ● 빈칸에 알맞은 말을 [보기]에서 골라 쓰세요.

[보기] 호른   플루트   바이올린   오보에

바이올린
몸통에 있는 네 개의 줄을
활로 문질러서 소리를 내요.

플루트
옆으로 쥐고 불어서 소리를 내며,
맑은 소리가 나요.

오보에
가늘고 길게 생겼고,
앞으로 쥐고 불어서 소리를 내요.

호른
긴 관이 둥글게 감겨 있고,
끝부분은 나팔꽃처럼 생겼어요.
불어서 소리를 내요.

★ 축구 경기를 보고 일이 일어난 순서대로 정리해요. ● 빈칸에 알맞은 말을 [보기]에서 골라 쓰세요.

[보기] 반칙해요   경쟁해요   수비해요   격려해요

❶ 우리 팀과 상대 팀이 이기기 위해 서로 **경쟁해요** .

❷ 상대 팀이 공을 넣지 못하게 골대 앞을 **수비해요** .

❸ 골대 앞을 뚫지 못하자, 상대 팀이 손으로 잡아당기며 **반칙해요** .

❹ 우리 팀 주장이 힘을 내라고 선수들을 **격려해요** .

❺ 정정당당하게 시합을 한 우리 팀이 경기에서 승리해요.

124 어휘력이 독해력이다

4단원 예체능 125

사진 및 음원

44쪽·63쪽　　창경궁 자격루 누기 - **국가문화유산포털**

　　　　　　　　앙부일구 - **국립고궁박물관**

107쪽　　　　태평소 소리 중 아리랑 01 - **국립국악원**

152쪽　　　　월인천강지곡 권상 - **국립중앙박물관 소장**

위의 저작물은 문화재청 - 국가문화유산포털, 국립고궁박물관, 국립국악원에
서 공공누리 제1유형으로 개방한 사진 및 음원을 이용하였으며, 해당 저작물은
문화재청(www.cha.go.kr), 국가문화유산포털(www.heritage.go.kr), 국립고
궁박물관(www.gogung.go.kr), 국립국악원(www.gugak.go.kr)에서 무료로 다
운받을 수 있습니다.